LEITURAS L F FILOSÓFICAS

CATARINA ROCHAMONTE

BERGSON ENTRE FILOSOFIA E ESPIRITUALIDADE

Edições Loyola

Dados Internacionais de Catalogação na Publicação (CIP)
(Câmara Brasileira do Livro, SP, Brasil)

Rochamonte, Catarina
Bergson entre filosofia e espiritualidade / Catarina Rochamonte. -- São Paulo : Edições Loyola, 2023. -- (Coleção leituras filosóficas)

Bibliografia.
ISBN 978-65-5504-287-0

1. Bergson, Henri, 1859-1941 - Crítica e interpretação 2. Espiritualidade - Filosofia 3. Intuição 4. Metafísica 5. Mística I. Título. II. Série.

23-164237 CDD-128.2

Índices para catálogo sistemático:
1. Espiritualidade : Filosofia 128.2

Eliane de Freitas Leite - Bibliotecária - CRB 8/8415

Preparação: Mônica Glasser
Capa: Inês Ruivo
Diagramação: Telma Custódio
Revisão: Paulo Fonseca

Edições Loyola Jesuítas
Rua 1822 nº 341 – Ipiranga
04216-000 São Paulo, SP
T 55 11 3385 8500/8501, 2063 4275
editorial@loyola.com.br
vendas@loyola.com.br
www.loyola.com.br

ISBN 978-65-5504-287-0

104278

"Até onde vai a intuição? Somente ela poderá dizê-lo. Ela retoma um fio. A ela compete ver se esse fio vai até o céu ou estaciona em alguma distância da terra. No primeiro caso, a experiência metafísica se religará àquela dos grandes místicos. De nossa parte, acreditamos constatar que a verdade está aí" (Bergson).

"Os verdadeiros místicos se abrem simplesmente à vaga que os invade. Seguro deles mesmos, porque sentem neles qualquer coisa melhor que eles, revelam-se grandes homens de ação, para surpresa daqueles para quem o misticismo não passa de visão, transporte e êxtase. Aquilo que deixaram fluir em seu interior é um fluxo descendente que desejaria, através deles, ganhar os outros homens: a necessidade de difundir em torno deles aquilo que receberam, eles os sentem como um elã de amor" (Bergson).

"Para ele [Bergson], a filosofia não se reduz a um exercício intelectual; ela transforma a existência daquele que a realiza e assim lhe abre a porta da alegria. Espinosa procurou a beatitude por uma elevação do pensamento *sub specie aeternitatis*; Bergson perseguiu o mesmo objetivo, mas *sub specie durationis*. A alegria da duração não é uma longínqua felicidade eterna; profundamente humanista, ela é a alegria do esforço realizado para ultrapassar a condição humana, para alçar o homem para além de si mesmo" (Jean-Louis Vieillard-Baron).

"Somente com Nietzsche, Bergson e o existencialismo, a filosofia conscientemente volta a ser uma maneira de viver e de ver o mundo, uma atitude concreta" (Pierre Hadot).

SUMÁRIO

INTRODUÇÃO[1]

A formação intelectual perseguida por um estudante de filosofia está sujeita a uma série de reviravoltas no galgar de seus degraus, e uma dessas reviravoltas foi, no presente caso, a transição do foco de nossos estudos da obra de Arthur Schopenhauer para a obra de Henri Bergson; motivo pelo qual iniciamos esta obra com uma questão de método a envolver os dois filósofos. Mas o percurso acadêmico – para aqueles que buscam na filosofia algo além de mero ofício – pode esconder desdobramentos existenciais insuspeitos, que não nos convém detalhar aqui. Digamos apenas que a referida mudança de autor pode ser compreendida como a busca de um maior aprofundamento de um problema que resumiríamos como sendo o da relação entre filosofia e espiritualidade.

Da filosofia de Bergson depreende-se não um mundo como representação, regido pela lei de causalidade, mas um sistema de ima-

1. Nota da autora: Este texto é uma versão revisada e ligeiramente ampliada da Tese de Doutorado apresentada ao Programa de Pós-Graduação em Filosofia e Metodologia das Ciências, do Centro de Educação e Ciências Humanas da Universidade Federal de São Carlos, sob orientação da Profa. Dra. Débora Cristina Morato Pinto.

gens recortadas por um corpo atuante. Bergson toma por ponto de partida a experiência interna de uma força produtiva espontânea e criadora, de uma força psíquica irredutível ao determinismo, ao mecanicismo e até mesmo ao finalismo. Essa experiência interna de que parte, sendo anterior à espacialização própria à consciência reflexiva ou atual, exige a intuição como método, e esse método equivale também a uma inversão do nosso modo habitual de pensar. Mas pensar a produtividade no mundo em analogia com a potência criadora que sentimos em nós é assumir a tarefa de construir uma metafísica não substancialista. Essa metafísica, porém, não pressupõe uma saída da experiência, mas parte de uma experiência fundante que dissocia tempo (duração) – que seria o plano metafísico – do espaço – que seria o plano pragmático. O acesso a esse plano metafísico não requer uma faculdade nova. Intuir é pensar em duração, é instalar-se no movimento para daí extrair o significado de suas estagnações, e não o contrário, que seria seguir a inclinação natural do pensamento.

Dessa forma, demos prosseguimento ao capítulo com o estudo da crítica bergsoniana à metafísica tradicional, vista como negação do devir e afirmação da substância. A crítica bergsoniana fundamenta-se na sua teoria genética da inteligência, ou seja, sustenta-se na tese de que materialidade e intelectualidade se originaram simultaneamente a partir de um princípio comum ao qual a intuição busca ter acesso. O desenvolvimento da metafísica da duração se dá a partir da elucidação dos resultados obtidos pelo método intuitivo. Vista a partir da perspectiva filosófica e evolucionista, a intuição é tida ainda como linha evolutiva divergente da inteligência, capaz, entretanto, de ser por ela potencializada.

Verifica-se a partir daí uma tensão entre a intuição propriamente filosófica e a intuição mística, já que a primeira vai encontrar o elã vital como princípio da evolução e a segunda vai encontrar Deus como fonte desse elã, desvelando também o seu sentido. Essa tensão tem para nós papel central por ser justamente um reflexo da dificuldade de se estabelecer, a partir do pensamento de Bergson, fronteiras nítidas entre filosofia e espiritualidade.

No segundo capítulo é analisada a distinção entre religião estática e religião dinâmica, a partir do estudo do que Bergson compreende como experiência mística. Verificar-se-á ainda que a mística cristã é concebida pelo filósofo como o modelo mais completo, por conseguir superar o estágio tradicionalmente tido por mais característico da mística até então, a saber, a contemplação. O misticismo cristão é apresentado como fenômeno que tornou possível a cisão dos círculos que a natureza fechou em torno de si, caracterizando-se por uma tendência de abarcar toda a humanidade com o ímpeto de amor que foi possível haurir da própria essência da vida, que, entendida no seu dinamismo criador, remeterá a Deus, que é emoção criadora e puro amor. A isso está ainda vinculada a tese de que a mecânica se articula com a mística na superação da materialidade, por meio da própria matéria, e o materialismo devendo ceder lugar à espiritualidade pela constatação do déficit que há entre o domínio técnico e o domínio de si, entre o desenvolvimento científico e o desenvolvimento da moralidade.

O último capítulo aponta os possíveis caminhos para o indivíduo e para a sociedade na ausência do místico, pelo qual não podemos esperar – embora a bússola a nortear esse caminho seja justamente a distinção entre o fechado e o aberto que a mística veio efetivar. Daí o empenho deste livro em mostrar ser possível, via Bergson, o resgate da dimensão espiritual da filosofia ou da noção de filosofia como modo de vida, típica da antiguidade.

Por último, destaca-se o crescente interesse de Bergson em relação ao desenvolvimento das pesquisas psíquicas, juntando às dele as nossas esperanças de que uma ciência depurada de preconceitos metafísicos e uma metafísica depurada de ranços cientificistas possam dialogar e investigar uma série de fenômenos, cujo correto entendimento poderia conduzir a ciência e a filosofia a novos patamares de pesquisa e a humanidade, a uma compreensão mais completa e adequada de sua existência e de seu destino.

Capítulo I

MÉTODO, METAFÍSICA E MÍSTICA

1.1. Da causalidade à duração; do determinismo à liberdade

1.1.1. Causalidade e duração

No início da segunda parte da introdução de *O pensamento e o movente*, referindo-se explicitamente a Schelling e a Schopenhauer, Bergson se propõe a explicar a originalidade do seu método filosófico ante aqueles que, tendo sentido "a incapacidade do pensamento conceitual em atingir o fundo do espírito [...], falaram de uma faculdade supraintelectual da intuição"[1]. É preciso, porém, primeiramente, fazer justiça a Schopenhauer, para que a originalidade do método de Bergson efetivamente se sobressaia.

Não é verdade que a intuição seja para Schopenhauer, como afirma Bergson, "uma procura imediata do eterno" através de "uma faculdade supraintelectual"[2]. Há toda uma crítica ao idealismo

---

1. BERGSON, Henri, *O pensamento e o movente. Ensaios e conferências*, trad. Bento Prado Neto, São Paulo, Martins Fontes, 2006, 27.

2. Ibid., 28.

pós-kantiano na referência que Schopenhauer faz a essa forma de intuição, à qual ele contrapõe justamente uma percepção interna e imediata dada no tempo[3], que só difere do retorno ao imediato proposto por Bergson por interpretar a partir de uma analogia com a causalidade na natureza o esforço interno ou a volição interna que antecede o nosso próprio movimento.

Por mais que Schopenhauer insista na originalidade da etapa do seu método, que interpreta a força natural através da vontade, ele, na verdade, interpreta a vontade através de uma concepção de força natural já corrompida/refratada pelo entendimento, já metamorfoseada pela aplicação à causalidade interna de uma noção de causalidade aplicada ao mundo exterior; perde, com isso, a possibilidade de compreensão da força *sui generis* à qual temos acesso imediato. O esclarecimento desse ponto será feito por meio da exposição de duas teses de Bergson:

1. Que a noção de força aponta não para uma determinação necessária, mas para uma livre espontaneidade;
2. Que a lei de causalidade é um processo empírico, uma crença adquirida pela coordenação progressiva de nossas impressões visuais e táteis.

Seria preciso, portanto, primeiro compreender os fatos de consciência na sua singularidade para, depois, formular uma cosmologia a partir da concepção de uma força criadora da vida.

---

3. Schopenhauer distingue-se de autores como Schelling e do idealismo alemão em geral tanto pela ênfase na impossibilidade de uma intuição racional quanto pela crítica ao conceito de Absoluto, o qual remeterá à sua noção de matéria, que, por sua vez, sofrerá uma ressignificação no decorrer de sua obra, podendo ser pensada ao final a partir de uma dupla significação: *Materie* (a matéria enquanto tal) e *Stoff* (os estados da matéria). Abordamos esse tema da originalidade da metafísica de Schopenhauer ante o idealismo alemão na nossa dissertação de mestrado. Cf. Rochamonte, Catarina, *Metafísica e moralidade na filosofia de Schopenhauer*, Dissertação de Mestrado em Filosofia, Natal, UFRN, 2010.

Não há, na filosofia de Schopenhauer, "uma intuição que pretende se transportar de um pulo para o eterno"[4], como sugeriu Bergson. Há uma tentativa de retorno ao imediato, com a diferença de que esse retorno está corrompido por um "pensamento único" que se brindou em princípio com uma Vontade metafísica, da qual se deduz todas as coisas; um pensamento que começa por "definir ou descrever a unidade sistemática do mundo", ao invés de seguir as verdadeiras "ondulações do real"[5]:

> Que se dê o nome que se quiser à "coisa em si", que se faça dela a Substância de Espinosa, o Eu de Fichte, o Absoluto de Schelling, a Ideia de Hegel, ou a Vontade de Schopenhauer, por mais que a palavra se apresente com sua significação bem definida, irá perdê-la, esvaziar-se-á de toda significação assim que for aplicada à totalidade das coisas. Para falar apenas da última dessas grandes "sínteses", porventura não é evidente que uma Vontade só é vontade sob a condição de contrastar com aquilo que não quer? Como então o espírito poderá contrastar com a matéria, se a própria matéria é vontade? Pôr a vontade por toda parte equivale a não deixá-la em parte alguma, pois é identificar a essência daquilo que sinto em mim - duração, jorro, criação contínua -, com a essência daquilo que percebo nas coisas, onde há evidentemente repetição, previsibilidade, necessidade. Pouco me importa que se diga "tudo é mecanismo" ou "tudo é vontade":

4. Bergson, *O pensamento e o movente*, 28.

5. "Quão mais instrutiva seria uma metafísica realmente intuitiva que seguisse as ondulações do real! Já não abarcaria de um só golpe a totalidade das coisas; mas de cada uma daria uma explicação que a ela se adaptaria exatamente, exclusivamente. Não começaria por definir ou descrever a unidade sistemática do mundo. Quem sabe se o mundo é efetivamente uno? Apenas a experiência poderá dizê-lo e a unidade, caso exista, aparecerá ao termo da procura como um resultado; impossível pô-la de saída como princípio. Será, aliás, uma unidade rica e plena, a unidade de uma continuidade, a unidade de nossa realidade, e não essa unidade abstrata e vazia, provinda de uma generalização suprema" (Ibid., 28-29).

nos dois casos tudo está confundido. Nos dois casos, "mecanismo" e "vontade" tornam-se sinônimos de "ser" e, por conseguinte, sinônimos um do outro. Aí está o vício inicial dos sistemas filosóficos[6].

Enquanto na filosofia de Schopenhauer a analogia da vontade individual com o mundo traz para o Eu a suposta determinação da natureza, a filosofia de Bergson leva para a natureza algo da liberdade do Eu. Schopenhauer tenta nos colocar dentro do biológico através da percepção interna imediata; a estratégia de Bergson é quase idêntica. Ambos passam da interioridade psíquica para uma consideração cosmológica, com a diferença de que Bergson compreende esse dado imediato da consciência como liberdade e Schopenhauer o compreende como determinação.

Através da análise da noção de liberdade presente no *Ensaio sobre os dados imediatos da consciência*, de Bergson, assim como da análise da sua concepção de causalidade, demonstraremos que os fatos de consciência são irredutíveis e que tal irredutibilidade ou diferença é o ponto de partida da filosofia bergsoniana.

Ao observarmos a escala evolutiva dos seres, percebemos uma divergência, separação e diferenciação cada vez maior entre a causa e o efeito. Da progressiva heterogeneidade, incomensurabilidade e incompreensibilidade dessa relação, Schopenhauer apenas conclui uma maior complicação da causa, mas não uma diminuição do seu caráter necessário. Ao invés de inferir uma *diferença* radical entre o processo de causalidade física e o processo de "causalidade psíquica", Schopenhauer faz da possibilidade de analogia entre ambas um procedimento metodológico central da sua filosofia[7]. Para

---

6. Bergson, *O pensamento e o movente*, 52.

7. A referida tese da analogia presente na metafísica da Vontade de Schopenhauer é bastante complexa e se apresenta em mais de uma perspectiva. *Primeira perspectiva:* Na medida em que conheço minha vontade como objeto, conheço-a como corpo. Se a minha vontade só se me revela através do meu corpo e este mesmo corpo também é objeto da primeira classe de representação, concebo os outros objetos como sendo dotados da mesma essência daquilo que em mim é algo além de repre-

Bergson, porém, o distanciamento temporal entre causa e efeito é qualitativo e interpretado como um princípio de liberdade[8].

---

sentação. O meu corpo me possibilita não apenas o conhecimento do mundo como representação como também e, sobretudo, da sua essência, que em mim particularizada nele se manifesta através de meus atos. A atividade acompanhada de conhecimento, que nos caracteriza, não diferiria senão em grau da atividade correspondente a determinadas excitações no restante do mundo orgânico ou das forças no mundo inorgânico. *Segunda perspectiva:* Como o princípio de razão não pode estabelecer a ligação de uma série de representações com algo que não é representação, e, não obstante, esse algo que não é representação deve estar sempre pressuposto como aquilo por meio de que a explanação por causas tem algum significado, então a *força natural* deve ser inferida como aquilo que condiciona e garante eficácia à mudança e que seria a "causa" da causa, se nesse ponto-limite alguma explicação etiológica ainda fosse possível. A noção de *força natural* ressaltaria os limites das ciências empíricas em relação à filosofia, assim como estabeleceria a relação de complementaridade entre ambas. A noção física de força permanecerá, no entanto, uma incógnita, um x, uma *qualitas occulta*, enquanto não for esclarecida através da noção metafísica de Vontade, que se lhe antepõe. À distinção entre fenômeno e coisa-em-si corresponde uma limitação da ciência à explicação da relação entre fenômenos. A anteposição da noção metafísica de Vontade à noção física de força coloca as forças naturais no âmbito da representação, residindo a possibilidade da metafísica da natureza justamente nessa explicação daquilo que supostamente seria o limite das ciências etiológicas. Essa anteposição da Vontade à noção de força não pressupõe apenas a separação entre consciência e vontade – muitas vezes enfatizada por Schopenhauer – como também o determinismo mesmo que se busca provar (ou seja, pressupõe o rigoroso determinismo segundo o qual a motivação nada mais é que uma forma particular da causalidade em geral). Só por meio da pressuposição do determinismo das ações humanas é possível atribuir a vontade ao inorgânico. *Terceira perspectiva:* A consideração do motivo como forma de causalidade é de especial importância porque possibilita a tripartição da causalidade (*Kausalität*) em causa propriamente dita (*Ursache*), excitação (*Reiz*) e motivo (*Motiv*). Por sua vez, a identidade da causalidade em seus diversos graus equivale a uma tentativa de fundamentação mais rigorosa do argumento da analogia. Já a noção de um princípio único de movimento, cuja condição interna é vontade e cuja condição externa é causa, possibilita a Schopenhauer encontrar na matéria, que nada mais é que causalidade, o correlato fenomênico adequado da Vontade. Os três graus da causalidade seriam, então, ocasiões de manifestação das três ideias da Vontade (força, espécie e caráter). A causalidade *in abstracto* ou atividade *in abstracto* são identificadas com a noção de matéria (*Materie*), que, por sua vez, é postulada como correlato objetivo da Vontade no plano da representação.

8. Embora consciência e cérebro apresentem-se ligados no homem, a hipótese de Bergson é a de que os fatos psicológicos são irredutíveis às modificações

Contrariamente a Schopenhauer, a argumentação de Bergson vai no sentido de indicar a existência de uma causalidade psicológica enquanto força *sui generis*, incompatível tanto com a causalidade mecânica ou eficiente quanto com a causalidade inteligente ou finalista. A ação pressupõe a existência de uma força específica que estaria por trás de toda a vida psicológica, como aquilo que há de mais importante para a consciência.

Não sendo de essência material ou conservadora, essa energia se caracterizaria, sobretudo, por pressupor um *esforço* e por ocupar uma *duração* determinada de fato e de direito que não poderia ser alongada ou encolhida sem que o resultado obtido fosse outro. Para Bergson há, no homem, entre a causa e o efeito uma possibilidade de espera, de atenção, de recolhimento, de tensão. Não sendo apenas corpo, mas também memória, o homem pode tirar da profundidade do eu uma energia específica para agir. Se a vida orgânica ou a vida ordinária, no que tem de habitual, instintiva ou impulsiva, se resolve no determinismo de uma causalidade mecânica, a vida espiritual, por sua vez, é caracterizada por uma força de criação que equivale a uma causalidade livre.

Em conferência intitulada *Note sur les origines psychologiques de notre croyance a la loi de causalité*, proferida em 4 de agosto de 1900 no Congresso Internacional de Filosofia, em Paris, Bergson analisa inicialmente a teoria empírica segundo a qual a nossa crença na causalidade nasce da observação da regularidade das sucessões dos fenômenos.

---

cerebrais. O cérebro seria um órgão especializado, capaz de responder mais perfeitamente à função de escolha, própria da consciência. Enquanto a medula contém um certo número de respostas prontas a estímulos possíveis, o cérebro aciona um mecanismo motor escolhido e não simplesmente imposto. Adotando uma perspectiva descendente na observação do reino animal, veríamos confundirem-se cada vez mais as funções medular e cerebral, isto é, fundirem-se cada vez mais automatismo e escolha. Entretanto, a mera possibilidade de resposta a uma determinada excitação, através de movimentos, é por Bergson compreendida como um rudimento de consciência.

Segundo essa teoria, tal observação criaria em nós "um hábito de assinalar a cada mudança determinada um antecedente ou um sistema de antecedentes determinados"[9]. Dentre várias objeções teóricas possíveis a essa tese empirista, Bergson apresenta apenas o que chama de uma "simples questão de fato": a nossa experiência visual não nos fornece muitos fenômenos em uma relação de sucessão invariável. "A verdade é que é muito restrito o número de casos em que nós *vemos* os fenômenos se sucederem regularmente. Quase sempre, na nossa experiência visual, a relação de causalidade liga um fenômeno *visto* a um fenômeno simplesmente suposto."[10] De acordo com isso, Bergson acusa o empirismo de ter, paradoxalmente, intelectualizado a crença na lei de causalidade, isto é, de não ter estabelecido uma distinção nítida entre a relação causal como é aplicada na ciência, e a relação causal tal como se apresenta espontaneamente ao espírito[11].

A segunda teoria analisada por Bergson é aquela que consiste em "buscar na vida interior, no conhecimento que tomamos de nós mesmos e de nossa força de agir, a origem da noção de causa"[12]. Essa tese é atribuída a Maine de Biran e refutada por não levar em conta a diferença capital que faz o senso comum entre a causalidade do eu e aquela da natureza: "Não é a noção de causalidade determinante, mas de causalidade livre que nós obtemos da observação pura e simples de nós mesmos. Como explicar a metamorfose que esta noção sofre quando nós a aplicamos ao mundo exterior? E como somos levados a transportá-la se ela deverá transformar-se?"[13].

---

9. Bergson, Note sur les origines psychologiques de notre croyance a la loi de causalité, in: Id., *Mélanges*, Paris, PUF, 1972, 420.

10. Ibid., 421.

11. Segundo Bergson, a causalidade não implica distintamente a inteligência comum nem concomitância, nem sucessão.

12. Bergson, in: *Mélanges*, 421.

13. Ibid., 422.

A terceira via de análise seria aquela em que a origem e o fundamento da lei de causalidade seria buscada "na constituição mesma do entendimento, fora de toda experiência exterior ou interna"[14], enquanto uma forma particular de síntese. Essa tese, entretanto, deixaria intocada questões acerca da gênese e da constituição dessa suposta atividade sintética do espírito. O conhecimento *a priori* é dado de uma só vez ao indivíduo ou se constitui nele gradativamente? Seus princípios são inatos ou adquiridos?

Para Bergson, a nossa crença na lei de causalidade é um processo empírico. Mas não é um hábito que se exerce por intermitências, e sim algo que se dá de maneira continuamente ativa, como uma experiência de todos os instantes[15]. A aquisição gradual dessa crença é concomitante à coordenação progressiva de nossas impressões visuais[16]. O bebê, pouco a pouco, acompanha a sua percepção das luzes, cores e formas de um esforço de contato, de modo que essas formas visuais passam a se apresentar com resistência.

A associação entre os dois fenômenos dá-se através da criação de hábitos motores que buscam prolongar a impressão visual em impressão tátil, e, devido à correspondência invariável dessas impressões, essa espera maquinal por percepções táteis determinadas faz com que tomemos essa associação por necessária, de modo que a noção de causalidade se apresenta antes atuada pelo corpo que pensada pelo espírito.

À relação entre as formas visuais em geral, ou seja, entre os objetos exteriores entre si, atribuímos a mesma relação estável que estabelecemos entre a forma visual do objeto e seu contato eventual com o nosso corpo[17]. Como essa relação estável estabelecida pelo nosso sistema sensório-motor é orientada para a atuação de meca-

---

14. Ibid.
15. Ibid., 424.
16. Ibid.
17. Ibid., 426.

nismos regulares de funcionamento, é também a regularidade e a necessidade que atribuímos à causalidade de um modo geral.

A noção de causalidade – expectativa motora do prolongamento da impressão visual em impressão tátil – nos fornece um conhecimento ativo da natureza através do esboço ou pré-formação de movimentos automáticos. Mas esse conhecimento atuado pelo corpo a partir da sensação possibilita uma *resistência à reação automática*. A sensação é, pois, um princípio de liberdade:

> [...] Conhece-se uma infinita variedade de seres organizados nos quais uma excitação exterior engendra uma reação determinada sem passar pelo intermédio da consciência. Se o prazer e a dor se produzem em alguns privilegiados, é provavelmente para autorizar uma resistência à reação automática que se produziria; *ou a sensação não tem razão de ser, ou é um começo de liberdade* [...]. Mas como nos permitiria ela de resistir à reação que se prepara se não nos fizesse conhecer a natureza por algum sinal preciso? E que sinal pode ser esse senão o esboço e como que a pré-formação de movimentos automáticos futuros no seio mesmo da sensação experimentada? O estado afetivo não deve, portanto, corresponder somente aos choques, movimentos ou fenômenos físicos que foram, mas ainda e sobretudo àqueles que se preparam, àqueles que pretendem ser[18].

A afirmação "ou a sensação não tem razão de ser, ou é um começo de liberdade" será reiterada por Bergson em *Matéria e memória*, obra na qual a noção de sensação é retomada e descrita como indício de perigos gerais que ameaçam a espécie que adquiriu a faculdade de mover-se no espaço[19]; indício esse cuja resposta não é

---

18. Bergson, Henri, *Essai sur les données immédiates de la conscience*, Paris, Quadrige/PUF, ⁹2007, 25.

19. Id., *Matéria e memória. Ensaio sobre a relação do corpo com o espírito*, trad. Paulo Neves, São Paulo, Martins Fontes, ²1999, 12.

um daqueles atos "que poderiam rigorosamente ser deduzidos dos fenômenos anteriores como um movimento de um movimento" e que por isso "acrescentaria verdadeiramente algo de novo ao universo e à sua história"[20].

As sensações provocam modificações cerebrais, mas tanto as modificações cerebrais quanto a percepção consciente que lhes corresponde estão postas em função de um terceiro termo, que é justamente a indeterminação do querer, a liberdade ou simplesmente o espírito. O próprio sistema nervoso irá se estruturar e se complexificar em função dessa indeterminação, em vista dessa ação cada vez menos necessária, de modo tal que o próprio sistema de percepção pode ser deduzido da indeterminação progressiva do ser vivo:

> Tomemos esse sistema de imagens solidárias e bem amarradas que chamo de mundo material e imaginemos aqui e ali, nesse sistema, centros de ação real representados pela matéria viva: afirmo que é preciso que ao redor de cada um desses centros sejam dispostas imagens subordinadas à sua posição e variáveis com ela; afirmo consequentemente que a percepção consciente *deve* se produzir[21].

A incerteza na reação, a hesitação, a possibilidade, a escolha, a indeterminação, em suma, a liberdade, está, segundo Bergson, em relação proporcional à amplitude de percepção[22], que terá aparecido no mundo justamente "no momento em que um estímulo recebido pela matéria não se prolonga em reação necessária"[23]. Essa duração ou tensão entre o estímulo que interpela o organismo e o possível ato que dessa interpelação resulta é o que dá a extensão da percepção, que será tanto mais complexa quanto mais variadas forem as possibilidades de resposta, quanto maior for a indetermina-

20. Ibid.
21. Ibid., 28.
22. Ibid., 29.
23. Ibid., 28.

ção do ato. Se há uma diminuição progressiva da necessidade na escala evolutiva dos seres – gradação essa da qual se deduz em um dado momento a percepção consciente –, pode-se afirmar não que o mundo é minha representação, mas que a minha representação é uma resposta à demanda de liberdade que me é própria.

1.1.2. Determinismo e liberdade

Nos seres em que a resposta ao estímulo é automática, a percepção encontra-se diminuída, e nos seres em que a resposta ao estímulo pressupõe uma escolha (isto é, nos seres dotados de cérebro), a percepção encontra-se alargada. Mas o cérebro não cria a representação, ele é apenas "um instrumento de análise com relação ao movimento recolhido e um instrumento de seleção em relação ao movimento executado"[24]. A percepção não é um conhecimento puro que serve a fins especulativos; ela serve a um interesse vital e "os elementos nervosos não trabalham com vistas ao conhecimento; apenas esboçam de repente uma pluralidade de ações possíveis ou organizam uma delas"[25].

A sensação é uma qualidade pura, não pode ser mensurável. Ela é distinta da excitação. Nem a sensação nem os fenômenos mistos e intermediários entre a sensação e o sentimento são passíveis de avaliação quantitativa, não podendo, portanto, ser tomados por equivalentes ao fenômeno externo que lhes serve de ocasião. Isso se aplica com mais propriedade ainda aos outros estados psicológicos, os sentimentos profundos, que parecem independentes de todo objeto exterior. A atividade da consciência é, pois, de natureza original, sendo a força psíquica irredutível ao princípio de causalidade que regula as relações das forças físicas. A duração, enquanto traço característico dos fatos da consciência, garante a heterogeneidade

24. Ibid., 27.
25. Ibid.

radical da vida psíquica, isto é, a impossibilidade de dois fatos psicológicos se assemelharem, já que constituem dois momentos distintos de uma história[26]. Os antecedentes de um fato de consciência qualquer não podem ser apreendidos em estado estático, como coisa[27]. O eu não se reduz a um agregado de fatos de consciência, sensações, sentimentos e ideias[28]:

> Ele está inteiramente em um único dentre eles, desde que saibamos escolhê-lo. E a manifestação exterior deste estado interno será precisamente aquilo que chamamos um ato livre, porque unicamente o eu terá sido seu autor, porque ele exprimirá o eu inteiramente. [...] É da alma inteira que a decisão livre emana e o ato será tanto mais livre quanto mais a série dinâmica à qual ele se liga tenda a se identificar com o eu fundamental[29].

O associacionismo – a teoria da determinação de nossos estados de consciência uns pelos outros – se aplica apenas às numerosas, porém insignificantes, ações cotidianas que realizamos como autômatos conscientes e que têm por base antes o extrato solidificado na memória de certas sensações, ideias e impressões do que estes sentimentos mesmos na sua infinita mobilidade. Nas circunstâncias mais graves, nas circunstâncias solenes,

> Nós escolhemos a despeito daquilo que se convencionou chamar um motivo, pois a ação cumprida não exprime mais tal ideia superficial, quase exterior a nós, distinta e fácil de exprimir: ela responde ao conjunto de nossos sentimentos, de nossos pensamentos e de nossas aspirações as mais íntimas [...] e essa ausência de toda razão

---

26. Bergson, *Essai sur les données immédiates de la conscience*, 150.
27. Ibid., 149.
28. Ibid., 124.
29. Ibid., 125-126.

tangível é tanto mais marcante quanto mais profundamente livre nós somos[30].

O determinismo, entretanto, atrelado a uma concepção mecanicista do eu, procura distinguir uns dos outros os estados indiscerníveis da alma e representa, então, um eu que hesita entre dois sentimentos contrários que lhe serviriam de motivo:

> O eu e os sentimentos que o agitam se encontram assim assimilados a coisas bem definidas que permanecem idênticas a si mesmas durante todo o curso da operação. [...] Mas a verdade é que o eu, uma vez tendo experimentado o primeiro sentimento, já mudou um pouco quando o segundo advém: em todos os momentos da deliberação o eu se modifica e modifica assim, por conseguinte, os dois sentimentos que o agitam. Assim se forma uma série dinâmica de estados que se penetram, se reforçam mutuamente, culminando em um ato livre por uma evolução natural[31].

Tanto os defensores do determinismo quanto os defensores do livre-arbítrio obedecem a uma necessidade de representação simbólica quando expõem o problema da liberdade em termos de "igual possibilidade de duas ações ou de duas volições contrárias"[32].

> Eu hesito entre duas ações possíveis X e Y [...] isto significa que eu passo por uma série de estados e que estes estados podem se repartir em dois grupos, segundo eu me incline mais em direção a X ou mais em direção ao partido contrário. Unicamente estas inclinações opostas têm uma existência real e X e Y são dois símbolos através dos quais eu represento, em seu ponto de chegada por assim dizer, duas tendências diferentes de minha pessoa em momentos sucessivos da

30. Ibid., 128.
31. Ibid., 129.
32. Ibid., 131.

duração. [...] É preciso notar [...] que o eu aumenta, se enriquece e muda à medida que passa pelos dois estados contrários; senão como se decidiria? Não há, portanto, precisamente dois estados contrários, mas sim uma multidão de estados sucessivos e diferentes no seio da qual eu distingo por um esforço da imaginação duas direções opostas. [...] Entende-se pois que X e Y são representações simbólicas e que em realidade não há duas tendências, nem duas direções, mas sim um eu que vive e se desenvolve por efeito de suas hesitações mesmas, até que a ação livre se desprenda a maneira de um fruto maduro[33].

Essa simbolização de nossa atividade psíquica, que faz a ação preceder de uma espécie de oscilação mecânica entre dois pontos X e Y, pressupõe a representação de uma deliberação acabada e de uma resolução tomada[34], mas não pode mostrar *a ação em seu processo, a ação se fazendo.* Transportando-se pelo pensamento a um momento anterior, afirma-se a determinação necessária do ato futuro; transportando-se pelo pensamento a um momento posterior, pretende-se que a ação cumprida não poderia ter se dado de outro modo[35]. O erro aqui está em representar o tempo que decorre pelo tempo decorrido, um progresso dinâmico sob a forma de uma oscilação no espaço. Mas os fenômenos psíquicos desafiam toda representação simbólica e toda previsão.

A outra argumentação determinista consiste em afirmar simplesmente a determinação de qualquer ato pelos seus antecedentes psicológicos, mesmo que se renuncie à possibilidade de prevê-lo. Diz-se então que os fatos de consciência obedecem a leis como os fenômenos da natureza, que são determinados por suas condições, ou seja, que permanecem submetidos à lei de causalidade, que, por sua vez, afirma que as mesmas causas produzem os mesmos efeitos.

---

33. Ibid., 132.
34. Ibid., 135.
35. Ibid., 130.

Ora, não há nos eventos psicológicos condições idênticas e uma mesma causa não se reproduz porque um momento da duração não se repete. Não havendo nos fatos de consciência profundas sucessões regulares passíveis de repetição, não seria legítima a aplicação aí do princípio de causalidade:

> [...] se a relação causal existe ainda no mundo dos fatos internos ela não pode se assemelhar de modo algum àquilo que nós chamamos causalidade na natureza. Para o físico, a mesma causa produz sempre o mesmo efeito; para um psicólogo que não se deixa extraviar por analogias aparentes, uma causa interna profunda dá seu efeito uma vez e não a reproduz jamais. [...] O princípio da determinação universal perde toda espécie de significação no mundo interno dos fatos de consciência[36].

Não há relação de necessidade lógica entre a causa e o efeito, não é possível substituir a causalidade aparente por uma identidade fundamental, não há relação de inerência nas relações de sucessão ou, em outras palavras, a ação da duração não pode ser anulada[37]. Para Bergson, *a ideia de força exclui a ideia de determinação necessária*[38], pois só a conhecemos efetivamente pelo testemunho da consciência, e o que esse testemunho afirma é o sentimento de uma livre espontaneidade.

Entretanto, devido ao uso que se faz do princípio de causalidade na natureza, a ideia de força "retorna impregnada da ideia de necessidade e, à luz do papel que nós lhe fizemos jogar no mundo exterior, nós percebemos a força como determinando de uma maneira necessária os efeitos que dela sairão"[39]. Com isso, aplica-se à

36. Ibid., 151.
37. Ibid., 157.
38. Ibid., 162.
39. Ibid., 163.

sucessão dos fatos de consciência o princípio de causalidade sob uma forma equívoca, ora como sentimento de esforço interno, ora como sucessão regular de fenômenos físicos, operando-se uma espécie de endosmose entre a ideia dinâmica de esforço livre e o conceito matemático de determinação necessária[40]. Quando se diz que um ato é determinado por suas condições, a causalidade é tomada em um duplo sentido.

Tal confusão, entretanto, permanece externa às ciências da natureza, pois, embora o físico fale de força e mesmo represente seu modo de ação por analogia com um esforço interno, aquilo de que trata é antes a causalidade externa passível de ser tratada matematicamente, através do estudo dos centros e linhas de força[41]. Restaria, então, operar essa mesma dissociação na análise dos fenômenos internos para reconhecer que a relação do eu ao ato que ele executa é "indefinível, precisamente porque somos livres"[42] e que a duração dentro de nós não se explica por uma analogia com aquilo que se estende no espaço, embora aquilo que se estende no espaço possa, no limite, como veremos, ser remetido à duração.

O que se propõe de início é que, assim como a ciência na análise dos fenômenos naturais faz abstração da força considerada como atividade ou esforço, também a psicologia, na abordagem do eu, faça abstração de "certas formas que portam a marca visível do mundo exterior"[43]. Tendo já sido feita pela ciência a dissociação entre extensão e duração em proveito do espaço e do estudo aprofundado das coisas exteriores, restaria fazê-la em proveito da duração, no estudo dos fenômenos internos.

É preciso primeiro reconhecer a diferença. É preciso reconhecer que o espírito está em primazia em relação à matéria e que a duração é concebida como criação e liberdade para, em seguida,

40. Ibid., 164.
41. Ibid., 164.
42. Ibid., 165.
43. Ibid., 168.

prolongar o caminho de investigação para a matéria, tentando entender como aquilo que se apresenta como o oposto dessa liberdade pode de algum modo a ela vincular-se.

1.1.3. Percepção pura: matéria

Bergson apresenta, em *Matéria e memória*, a tese de um sentido prático da percepção, que se dá no último plano da consciência, precisamente aquele em que intervém o corpo, efetuando um recorte em um sistema de imagens que ele é capaz de influenciar. Sendo a percepção normal uma atualização da consciência por meio da memória que nela se mistura, sendo ainda de natureza e não apenas de grau a diferença entre percepção e lembrança, Bergson apontará na referida obra a possibilidade de passar da percepção à matéria *em si*, por meio da eliminação da memória, o que significaria avançar na metafísica por meio da intuição:

> Restabeleçamos, ao contrário, o caráter verdadeiro da percepção; mostremos, na percepção pura, um sistema de ações nascentes que penetra no real por suas raízes profundas: esta percepção se distinguirá radicalmente da lembrança; a realidade das coisas já não será construída ou reconstruída, mas tocada, penetrada, vivida; e o problema pendente entre idealismo e realismo, em vez de perpetuar-se em discussões metafísicas, deverá ser resolvido pela intuição. [...] Com efeito, seguindo até o fim o princípio que colocamos aqui e segundo o qual a subjetividade de nossa percepção consistiria sobretudo na contribuição de nossa memória, diremos que as próprias qualidades sensíveis da matéria seriam conhecidas *em si*, de dentro e não mais de fora, se pudéssemos separá-la desse ritmo particular de duração que caracteriza nossa consciência. [...] Bastaria [...] eliminar toda a memória para passar da percepção à matéria, do sujeito ao objeto[44].

44. Bergson, *Matéria e memória*, 72-73.

A memória intervém na percepção, tornando-a pessoal; assim, tem-se que há de direito, se não de fato, uma intuição da matéria na sua própria essência, e essa intuição será atingida pela exclusão daquilo que de subjetivo nela se insere. A percepção pura seria uma espécie de intuição intelectual que atingiria não o espírito absoluto, mas o absoluto da matéria, porque seria uma intuição pura externa e não interna[45]. Tal intuição, seja ela racional ou intelectual, não poderia ser intuição do espírito, porque o espírito é justamente o ritmo de duração que da percepção se subtraiu para torná-la pura.

Poder-se-ia talvez compará-la à intuição estética schopenhaueriana, se levarmos em conta que, para Schopenhauer, o artista que intui livra-se momentaneamente do seu querer, da sua individualidade, apreendendo, enquanto sujeito puro do conhecimento, a natureza metafísica do objeto, ou seja, a sua ideia. Mas Bergson não trabalha com essa noção platônica de ideia, e o que está em jogo aqui é a continuidade da metafísica a partir da possibilidade de intuição da matéria em si, o que não é possível na filosofia de Schopenhauer, na medida em que a matéria enquanto tal só pode ser pensada *in abstracto*, sendo ela mesma a condição objetiva da intuição.

O que importa, porém, não são tais comparações, mas a constatação de que Bergson afirma a possibilidade de um conhecimento *em si* da matéria e que esse conhecimento é distinto do conhecimento do espírito, pois, se a percepção pura fornece indicações acerca da natureza da matéria, é, ao contrário, a memória pura que poderá abrir alguma perspectiva sobre o que se chama "espírito"[46].

---

45. "O que chamamos ordinariamente um fato não é uma realidade tal como apareceria a uma intuição imediata, mas uma adaptação do real aos interesses da prática e às exigências da vida espacial. A intuição pura, exterior ou interna, é a de uma continuidade indivisa" (Ibid., 214).

46. Ibid., 75.

Ao aproximar percepção pura e matéria na relação da parte com o todo[47], Bergson busca refutar o materialismo, estabelecendo que "a matéria é absolutamente o que ela parece ser"[48], mas distancia-se também de um tipo de espiritualismo que confunde as qualidades da matéria com as representações do espírito[49]. A percepção capaz de intuir a matéria é diferente da intuição capaz de se alargar em percepção. A matéria é o veículo de atuação da potencialidade intuitiva, e não o âmbito a partir do qual a intuição é dada. Intuição é sempre intuição espiritual, mas a matéria, dotada de uma virtualidade que o espírito não atinge, parece dotada de poderes que na verdade não tem. Dizer que o materialismo pode ser combatido com a afirmação de que não há na matéria nada além do que se dá a perceber é simplesmente constatar que o materialismo não tem como justificar a articulação entre o mental e o atual sem trair seu próprio pressuposto de uma matéria absoluta que se põe a si mesma.

A percepção pura, "que seria o grau mais baixo do espírito – o espírito sem memória"[50], faria verdadeiramente parte da matéria, mas essa matéria é mascarada pela percepção real ou atual necessária a um ser vivente que, em relação à percepção, recorta da matéria os aspectos sobre os quais podemos agir e, em relação à memória, escolhe a lembrança que poderá ser útil. Mas tanto a percepção supera o estado cerebral quanto a matéria supera a representação que temos dela, e essa matéria pode ser apreendida em si mesma "aquém do espaço homogêneo sobre o qual ela se aplica e por intermédio do qual a subdividimos – do mesmo modo que nossa vida interior é capaz de se desligar do tempo indefinido e vazio para voltar a ser duração pura"[51].

47. Ibid., 76.
48. Ibid., 77.
49. Ibid.
50. Id., *Matéria e memória*, 262.
51. Ibid., 218.

A intuição da matéria é possível porque, segundo Bergson, o espaço não é uma estrutura *a priori*, uma condição fundamental da percepção exterior como o é para Kant, mas é uma espécie de figuração simbólica que recobre, para fins práticos, o imediato. O espaço homogêneo também não corresponde à extensão concreta, indivisível e diversificada que é a matéria, e, como não se identificam, "seria possível, portanto, em certa medida, libertar-se do espaço sem sair da extensão, e haveria efetivamente aí um retorno ao imediato, uma vez que percebemos de fato a extensão, enquanto não fazemos mais que conceber o espaço à maneira de um esquema"[52].

Mas esse retorno ao imediato pressupõe um esforço intenso, excepcional[53], pois se trata do esforço para "buscar a experiência em sua fonte, ou melhor, acima dessa virada decisiva em que ela, inflectindo-se no sentido da nossa utilidade, torna-se propriamente experiência humana"[54].

Depois de se colocar nessa virada da experiência, que é a passagem do imediato ao útil, caberia ao filósofo "reconstituir, com os elementos infinitamente pequenos que percebemos na curva real, a forma da própria curva que se estende na obscuridade atrás dele"[55]. Tendo aplicado esse método, chega-se, segundo Bergson, a uma teoria da matéria dotada dos seguintes postulados:

I. Todo movimento, enquanto passagem de um repouso a um repouso, é absolutamente indivisível;
II. Há movimentos reais;
III. Toda divisão da matéria em corpos independentes de contornos absolutamente determinados é uma divisão artificial;
IV. O movimento real é antes o transporte de um estado que de uma coisa.

52. Ibid., 219.
53. Ibid.
54. Ibid., 215.
55. Ibid., 216.

Não há que se fundar o movimento em uma causa que dele seja distinta[56]; a realidade do movimento é apreendida interiormente como mudança de estado ou qualidade, e o que há é uma continuidade movente e universal na qual todos os pontos materiais agem reciprocamente uns sobre os outros[57]. Apreendida assim além ou aquém da espacialização, a matéria é puro movimento, e o movimento é não apenas diferença de quantidade como também

> a própria qualidade vibrando, por assim dizer, interiormente e escandindo sua existência num número incalculável de momentos [...]. Esses movimentos, considerados neles mesmos, são indivisíveis que ocupam duração, supõem um antes e um depois e ligam momentos sucessivos do tempo por um fio de qualidade variável que deve ter alguma analogia com a continuidade da nossa própria consciência[58].

Desconsiderada a diferença que o corpo vivo introduz na matéria para fins vitais, desconsiderado o véu interposto pelo espaço dividindo o que é indivisível, tem-se, pois, a realidade metafísica da matéria como algo análogo à nossa duração: "Sua objetividade, ou seja, o que ela tem a mais do que oferece, consistirá precisamente então [...] na imensa multiplicidade de movimentos que ela executa, de certo modo, no interior de sua crisálida. Ela se expõe, imóvel, na superfície; mas ela vive e vibra em profundidade"[59].

O tradicional dualismo ou o dualismo "vulgar" é então substituído por uma diferença de tensão entre matéria e espírito; tensão essa que, veremos, é estabelecida pelo movimento próprio do elã no seu movimento ascendente. O que se torna matéria é o movimento refratário, é aquilo que subsiste em continuidade com o

56. Ibid., 229.
57. Ibid., 232.
58. Ibid., 238.
59. Ibid., 240.

que progride, com o movimento ascendente, que é espírito. Entre espírito e matéria há, pois, uma convergência de origem e uma divergência de direção.

1.2. Da metafísica da substância à metafísica da duração

1.2.1. Metafísica: experiência e método

A inteligência está em acordo com a matéria pela sua lógica natural, pelo seu geometrismo latente e tanto mais se desenvolve quanto mais penetra na intimidade da matéria inerte[60]. Ao voltar-se, porém, para a vida com as mesmas formas, com os mesmos hábitos, com os mesmos pressupostos de utilidade prática, obtém somente uma verdade simbólica. Assim, se não há maiores problemas no abandono dos fatos físicos à ciência positiva, no caso dos fatos biológicos e psicológicos esse abandono significará a aceitação *a priori* de uma concepção mecanicista da natureza inteira[61] e, consequentemente, a construção de uma metafísica dogmática que repousaria sob os mesmos pressupostos da ciência.

Ao apontar uma "metafísica inconsciente" escondida por trás de teses supostamente científicas, Bergson pretende estabelecer um empirismo no qual a experiência seja interpretada a partir de um modelo de inteligibilidade diferente daquele exigido pelo rigor matemático. As ciências nascentes, tais como biologia e psicologia, poderiam oferecer novos modelos, desde que não buscassem reduzir o campo da experiência àquilo que é mensurável. A precisão matemática, o modelo geométrico, o caráter mensurável da física e da química seriam adequados ao conhecimento do sólido, do inerte, do inorgânico, não daquilo que muda, que dura, que vive. A evolução da vida não poderia, portanto, ser interpretada através de uma

60. Id., *L'Évolution créatrice*, Paris, Quadrige/PUF, [11]2008, 197.
61. Ibid.

redução do vital ao material. A interioridade do vital conduz ao espiritual e é o espiritual – cuja característica é não se prestar a medidas –, que ilumina o significado daquilo que vive. Cabe então à filosofia, com um novo método, evitar que a análise dos fatos biológicos e psicológicos fique limitada à ciência positiva, que busca no rigor matemático seu modelo. Iluminada pela abordagem filosófica, a biologia se acercaria do vital com mais propriedade, sendo justamente o caráter psicológico da vida, o que a intuição filosófica vem apontar.

A ciência que lida com a matéria espacializada toma-a por objeto tal como ela se nos apresenta já adaptada à nossa inteligência, enquanto a metafísica pretendida por Bergson visa ao movimento mesmo cuja interrupção se apresenta como matéria. A construção dessa nova metafísica, que se submete ao controle da ciência, ao mesmo tempo que a faz avançar[62] requer a inversão do sentido da operação habitual do espírito que, transportando automaticamente para a especulação os hábitos contraídos na ação, forjou para si falsos problemas que julgou insolúveis.

É nesse contexto que se insere a análise das ideias de desordem, de nada e congêneres; análise essa apresentada por Bergson como "a contrapartida intelectual da ilusão intelectualista"[63] e a retomada de controle, por parte do filósofo, da sua própria reflexão. Por meio de uma sugestão advinda da intuição, o filósofo corrige-se e formula intelectualmente o seu erro[64]. Esse empreendimento equivale a uma retomada da história da filosofia ocidental ou da história dos sistemas, que também poderia ser chamada "história da ideia do tempo", título dado a um curso proferido por Bergson entre 1902 e 1903, no Collège de France, e que serviu de base para a tessitura do quarto capítulo de *A evolução criadora*.

---

62. Id., *O pensamento e o movente*, Paris, Quadrige/PUF, [11]2008, 73.
63. Ibid., 72.
64. Ibid.

É uma ilusão natural do entendimento a crença de que se pode "pensar o instável por intermédio do estável, o movente pelo imóvel"[65]. Junto a essa ilusão da estabilidade está a ilusão do nada. Ambas são atitudes naturais que resultam do prolongamento para os problemas especulativos de procedimentos adequados à prática. Mas que tipo de procedimento intelectual adequado à prática é esse de que se está falando?

Na vida prática, "toda ação visa a obter um objeto do qual nos sentimos privados ou a criar qualquer coisa que ainda não existe"[66]. Quando falamos em ausência de algo, isso diz respeito à ausência daquilo que nos interessa, embora estejamos imersos em uma presença para a qual não voltamos nossa atenção: "Nós exprimimos assim aquilo que temos em função daquilo que gostaríamos de obter"[67]. Esse modo de falar e de pensar é conservado na especulação metafísica – uma esfera de conhecimento e de realidade que não está diretamente relacionada aos nossos interesses pragmáticos –, e assim nasce a ideia do vazio do qual nos servimos para pensar o pleno[68].

Para Bergson, "o problema fundamental do conhecimento [que] é de saber por que há ordem e não desordem nas coisas"[69] é questão desprovida de sentido, pois supõe que "a desordem, entendida como uma ausência de ordem é possível, ou imaginável ou concebível"[70]. A ideia de desordem, porém, é de ordem prática e "corresponde a uma certa decepção de alguma expectativa e não designa a ausência de toda ordem, mas apenas a presença de uma ordem que não apresenta interesse atual"[71]. A suposta ausência de ordem é, pois, presença de uma ordem distinta, e "a ilusão funda-

65. Id., *L'Évolution créatrice*, 273.
66. Ibid.
67. Ibid., 274.
68. Ibid.
69. Ibid.
70. Ibid.
71. Ibid.

mental de nosso entendimento", que nos faz "ir da ausência à presença, do vazio ao pleno"[72] implica uma "concepção radicalmente falsa da negação, do vazio e do nada"; concepção essa que tem sido geralmente "o motor invisível do pensamento filosófico", impulsionando "problemas angustiantes" e "questões que não podemos fixar sem sermos tomados de vertigem"[73].

Para Bergson, a ideia de nada, quando oposta à ideia de existência, é uma pseudoideia que levanta em torno de si esses pseudoproblemas[74]. "Não há vazio absoluto na natureza"[75], diz ele. Tal concepção está ligada "à lembrança de um estado antigo quando um outro estado já está presente. Ela é apenas uma comparação entre aquilo que é e aquilo que poderia ou deveria ser"[76]. Como pensamos naturalmente para agir, é normal que "nosso espírito perceba sempre as coisas na ordem em que temos o costume de nos afigurálas, quando nos propomos a agir sobre elas"[77]. Nossa ação marcha, como já foi dito, do vazio ao pleno, e o mesmo se dá com nossa especulação, que implanta em nós a ideia de que "a realidade preenche um vazio e que o nada, concebido como uma ausência de tudo, preexiste a todas as coisas de direito, senão de fato"[78].

Bergson tenta dissipar essa ilusão a fim de mostrar que "uma realidade que se basta a si mesma não é necessariamente uma realidade estranha à duração"[79]. A concepção estática do real deriva da necessidade que tem o espírito de projetar uma lacuna na qual se insere uma referência lógica capaz de romper e subtrair, através de uma fundamentação, o suposto vazio que, entretanto, não existe:

---

72. Ibid., 275.
73. Ibid.
74. Ibid., 277.
75. Ibid., 281.
76. Ibid., 282.
77. Ibid., 296.
78. Ibid., 297.
79. Ibid., 298.

"Se passamos (consciente ou inconscientemente) pela ideia de nada para chegar àquela do Ser, o Ser ao qual se chega é uma essência lógica ou matemática, portanto, intemporal, e, desde então, uma concepção estática do real se impõe: tudo parece dado de uma só vez, na eternidade"[80].

A inteligência, ao presidir ações, dá pulos em direção ao que lhe interessa, e só o fim a ser realizado é explicitamente representado no espírito. O ato já realizado e não o ato se realizando é que entra em nossa representação: "A inteligência, portanto, só representa à atividade objetivos a serem alcançados, isso é, pontos de repouso"[81]. Não apenas o resultado do ato que realiza, mas também o meio no qual esse resultado se enquadra é representado imóvel[82]; assim, a matéria, que, como vimos, é um "perpétuo escoamento", aparece passando de um estado a outro.

Notemos que antes de a física apontar para o intercâmbio entre energia e matéria, superando, inclusive, a representação imagética do átomo, Bergson já negava que a matéria fosse composta de elementos sólidos, que se resolvesse em algum corpúsculo que lhe servisse de suporte. A matéria, para Bergson, é "movimento de movimento", sua qualidade é mudança, a matéria é vibração[83].

Mas a inteligência não sabe ler o movimento; ela chega a ele por desvios, desembocando em três espécies de representações que correspondem a três categorias de palavras. Assim é que às qualidades correspondem os adjetivos, às formas ou essências correspondem os substantivos e aos atos correspondem os verbos[84]. O que isso significa? Que "as coisas que a linguagem descreve foram recortadas no real pela percepção humana com vistas ao trabalho

80. Ibid.
81. Ibid., 299.
82. Ibid.
83. "Qu'on y voie des vibrations ou qu'on se la représente de toute autre manière, un fait est certain, c'est que toute qualité est changement" (Ibid., 300).
84. Ibid., 303.

humano. As propriedades que ela assinala são as convocações da coisa para uma atividade humana"[85]. É natural que a filosofia tenha adotado da realidade o recorte que encontrou pronto na linguagem[86], e se abandonado à tentativa de construir uma metafísica com esses "conhecimentos rudimentares"[87], mas a metafísica que Bergson propõe é outra coisa; ela não se deixa seduzir pelas ilusões do intelecto.

O jogo do mecanismo cinematográfico da inteligência – sua peculiaridade de ler o real por meio de uma espécie de congelamento do movimento para depois reconstituí-lo artificialmente – desemboca justamente em uma representação como aquela que se encontra na filosofia antiga[88]. Nesse sentido, doutrinas como a de Platão, Aristóteles ou Plotino não são acidentais ou construções fantasiosas, mas consequência do desenvolvimento de uma inteligência sistemática. Ao invés de se instalar no movimento para daí extrair suas etapas ou estagnações, a inteligência especula a partir do imóvel, buscando extrair dele a mudança: "No fundo da Filosofia Antiga jaz necessariamente este postulado: há mais no imóvel do que no movente e passa-se por via de diminuição ou de atenuação da imutabilidade ao devir"[89]. Para a filosofia das ideias, que parte das formas e vê no conceito uma realidade que é inata ao nosso conhecimento, a ordem física é uma "ordem deteriorada"[90], é uma "queda da dimensão lógica no espaço e no tempo"[91].

Mas não apenas a Filosofia Antiga moveu-se nesse sentido, que define a dimensão física pela dimensão lógica; também a filosofia mecanicista da modernidade segue essa tendência, que é o movi-

85. Id., *O pensamento e o movente*, 90.
86. Ibid., 91.
87. Ibid., 101.
88. Id., *L'Évolution créatrice*, 315.
89. Ibid., 315-316.
90. Ibid., 319.
91. Ibid., 320.

mento natural da inteligência. Também a ciência moderna procede manipulando signos pelos quais substitui os objetos[92]. Assim como a linguagem – só que de um modo mais preciso –, a simbologia científica delimita "um aspecto fixo da realidade"[93]. A experiência na qual a ciência moderna se baseia pede a mensuração, a mensuração busca relações entre grandezas e essas relações de grandezas buscam, por sua vez, ser reduzidas a uma única grandeza, que é o tempo como uma variável independente[94].

O procedimento da ciência é, portanto, o mesmo do conhecimento usual. Também a ciência submete-se ao mecanismo cinematográfico que "renuncia a seguir o devir"[95], a pensar a mobilidade própria do ser, a registrar a impressão que a sucessão ou a duração deixa na consciência. Bergson quer apontar para um outro tipo de conhecimento, um conhecimento que "contrariará mesmo algumas aspirações naturais da inteligência; mas [que] caso vingasse, abarcaria a própria realidade em um abraço definitivo"[96]. Esse outro conhecimento ainda é metafísica, mas é uma nova metafísica, que tem plena consciência da "impotência especulativa"[97] desse mecanismo cinematográfico inerente à nossa inteligência e requer a sua renúncia[98].

O Ser, tal qual fora concebido pela metafísica clássica, assegura uma logicidade à realidade, sustentada em um conceito que lhe serve de fundamentação. Se a necessidade de fundamentação cede lugar, porém, à simples presença, torna-se possível uma nova concepção do Ser, distante da distorção substancialista que se contrapôs à ideia de nada. Essa outra concepção é a concepção evolu-

92. Ibid., 328.
93. Ibid.
94. Ibid., 335.
95. Ibid., 336.
96. Ibid., 342.
97. Ibid., 346.
98. Ibid.

tiva de um Ser em devir, em contínuo movimento e eternamente presente. A metafísica construída sobre esse novo alicerce não mais tomará o lugar da ciência, mas a ela se aliará na tentativa de elucidação do Ser real, que é de essência psicológica:

> É necessário se habituar a pensar o Ser diretamente, sem fazer um desvio, sem se endereçar primeiro ao fantasma do nada que se interpõe entre ele e nós. É necessário aqui tratar de ver por ver e não mais ver para agir. Então o absoluto se revela muito perto de nós e, em certa medida, em nós. *Ele é de essência psicológica*, e não matemática ou lógica. Ele vive conosco. Como nós, mas, por certos lados, infinitamente mais concentrado e mais contraído sobre si mesmo, ele dura[99].

O método, para Bergson, é mais fundamental que a doutrina e está amalgamado em toda a sua obra, não podendo ser separado dela. Ao método está ligada a proposta bergsoniana de reformulação da metafísica, que, por sua vez, precisa ser pensada a partir da diferença entre duração e espaço. É no espaço que irá atuar naturalmente todas as nossas faculdades e é na duração que a intuição deverá se colocar para construir a nova metafísica. A duração, porém, tem graus de intensidade e a filosofia, graus de aprofundamento; daí que, longe de postular de saída um princípio ou uma unidade metafísica, Bergson inicia uma reflexão metodológica que reclama uma abordagem distinta, capaz de reaver o terreno próprio da metafísica sem que essa metafísica se confunda com uma cristalização conceitual.

O método vincula-se à experiência e a ela Bergson se mantém vinculado ao longo da sua obra. Do primeiro ao último livro de Bergson, ecoa o apelo de um retorno à experiência, cuja incontornabilidade no âmbito da pesquisa é enfatizado até mesmo em

99. Ibid., 298.

As duas fontes: "Não há outra fonte de conhecimento além da experiência"[100]. A metafísica tradicional, porém, teria surgido justamente da negação da experiência, quando os filósofos, deparando-se com a contradição da representação intelectual do movimento, optaram pelo que lhes sugeria a lógica:

> A metafísica data do dia em que Zenão de Eleia assinalou as contradições inerentes ao movimento e à mudança tal como a inteligência se os representa. Em superar, em contornar por um trabalho intelectual cada vez mais sutil essas dificuldades levantadas pela representação intelectual do movimento e da mudança foi gasta a maior parte da energia dos filósofos antigos e modernos. Foi assim que a metafísica foi levada a procurar a realidade das coisas acima do tempo, para além daquilo que se move e que muda, fora, por conseguinte, daquilo que nossos sentidos e nossa consciência percebem[101].

Porque pairavam acima da realidade, esses sistemas de ideias não podiam ser confrontados por ela. Um sistema metafísico era confrontado não com a experiência, mas com outro sistema metafísico, também ele rigorosamente lógico, mas alicerçado em diferentes fundamentos, tornando-se um jogo de tudo ou nada do qual a experiência passava ao largo. Embora na modernidade a ciência tenha se consolidado com pretensões contrárias à metafísica, suas conclusões foram forjadas por uma metafísica inconsciente, que os dados de que dispunha não se legitimavam. Para Bergson, porém, a metafísica ou "é apenas esse jogo de ideias ou então, se é uma ocupação séria do espírito, é preciso que transcenda os conceitos para chegar à intuição"[102].

---

100. Id., *Les deux sources de la morale et de la religion*, Paris, Quadrige/PUF, [10]2008, 263.
101. Id., *O pensamento e o movente*, 10.
102. Ibid., 195.

A tentativa de estabelecer um vínculo entre a experiência e a reflexão – sobretudo no que compete à especulação metafísica – é algo inadiável para as pretensões do espiritualismo que busca se soerguer nos embates acadêmicos atuais. O espiritualismo, quando deixado a cargo da especulação pura, não encontra forma de debate com a ciência, e a ciência, quando se depara com a realidade do espírito, não encontra termos para defini-lo. Quando se tem em mente o desenvolvimento de um tipo de pesquisa que não feche os olhos para os fatos nem os altere ao bel-prazer de um dogmatismo, mostra-se bastante frutífero o esforço empreendido por Bergson no sentido de constituir uma metafísica passível de ser, de algum modo, verificada, por partir da experiência e manter uma fronteira comum com a ciência.

A restituição do movimento à sua mobilidade, da mudança à sua fluidez, remete-nos à interioridade, ao mesmo tempo que reabilita a metafísica a partir da *experiência interna* da própria duração. Ao filósofo, então, caberá ligar duas pontas: a da observação interior, que desvela o espírito, e a da observação externa, que revela as leis naturais, possibilitando, assim, uma experiência integral. Metafísica e ciência são duas maneiras opostas de conhecer que podem, não obstante, ser complementares. A independência da metafísica em relação à ciência deve-se não a uma possibilidade de sintetizar os dados científicos ou postular seus princípios fundamentais, mas à possibilidade de interpretar as coisas de um modo diferente, ultrapassando o caráter simbólico e relativo do conhecimento científico. Essa oposição e complementaridade estabelecida por Bergson entre metafísica e ciência positiva podem ser traduzidas em termos de oposição e complementaridade entre inteligência e intuição. Mas qual a diferença entre essas duas formas de conhecer? O que distingue o modo de apreensão da intuição e o modo de apreensão da inteligência? É que a intuição apreende a *duração*, ou pensa *em duração*. E o que é duração?

1.2.2. Intuição da duração: espírito

Na obra *Ensaio sobre os dados imediatos da consciência*, Bergson busca estabelecer a independência dos estados psicológicos, apontando para uma experiência do eu que antecederia à própria reflexão. Ele mostra inicialmente que contar equivale a percorrer uma multiplicidade cujas unidades se justapõem no espaço. Segundo o filósofo, o ato de contar implica a suposição de unidades idênticas, de partes absolutamente semelhantes umas às outras. Sempre que contamos, fixamos necessariamente em um ponto do espaço cada um dos momentos, formando assim uma soma. A representação numérica pressupõe, portanto, a imagem extensa e qualquer adição implica uma multiplicidade de partes percebidas simultaneamente. O tempo, enfatiza Bergson, não entra na constituição do número. O número remete ao espaço e o ato de numeração implica a representação do espaço como seu fundamento, e a representação dos objetos como idênticos e distintos. Com isso, Bergson separa as noções de número e multiplicidade, concebendo uma multiplicidade não quantitativa, que seria justamente a multiplicidade qualitativa dos fatos de consciência.

A multiplicidade quantitativa resulta de um ato do espírito que dispõe no espaço tudo aquilo que é nitidamente concebido pela inteligência humana, e esse ato de espacialização equivale à substituição da realidade pelo símbolo; substituição essa que nos possibilita estabelecer distinções, mensurações, abstrações, tornando possível a reflexão propriamente dita e a linguagem[103]. É a esse mundo nítido e preciso, porém simbólico, que toda a psicologia associacionista faz referência e foi nessa experiência já mediada pela ideia de espaço que se apoiara até então a filosofia. Mas, se a metafísica é a ciência que pretende "passar-se de símbolos"[104], seu ponto de partida deve

---

103. Id., *Essai sur les données immédiates de la conscience*, 73.

104. "Se existe um meio de possuir uma realidade absolutamente, ao invés de conhecê-la relativamente, de se colocar nela ao invés de adotar pontos de vista sobre ela, de ter uma intuição dela ao invés de fazer sua análise, enfim, de apreen-

estar justamente na experiência do *eu profundo* que antecede toda espacialização e que, por isso mesmo, é uma multiplicidade heterogênea, indistinta e confusa de sentimentos e sensações, uma experiência interna em que os estados psíquicos se sucedem sem formar uma adição e se fundem sem contornos precisos. É a essa sucessão de mudanças qualitativas que Bergson chama *duração pura*:

> Há, com efeito, duas concepções possíveis da duração, uma pura de toda mistura, a outra onde intervém sub-repticiamente a ideia de espaço. A duração pura é a forma que toma a sucessão dos nossos estados de consciência quando nosso eu se deixa viver, quando ele se abstém de estabelecer uma separação entre o estado presente e os estados anteriores[105].
>
> Distingamos, portanto, duas formas da multiplicidade, duas apreciações bem diferentes da duração, dois aspectos da vida consciente. Abaixo da duração homogênea, símbolo extensivo da duração verdadeira, uma psicologia atenta distingue uma duração cujos momentos heterogêneos se penetram; abaixo da multiplicidade numérica dos estados de consciência, uma multiplicidade qualitativa; abaixo do Eu de estados bem definidos, um Eu onde sucessão implica fusão e organização. Mas nós nos contentamos geralmente com o primeiro, ou seja, com a sombra do eu projetada em um espaço homogêneo. A consciência, atormentada de um insaciável desejo de distinguir, substitui o símbolo à realidade ou só percebe a realidade através do símbolo. Como o Eu assim refratado se presta infinitamente melhor às exigências da vida social em geral e da linguagem em particular, ela lhe prefere e perde pouco a pouco de vista o Eu fundamental[106].

---

dê-la fora de toda expressão, tradução ou representação simbólica, a metafísica é exatamente isso. A metafísica é, portanto, a ciência que pretende passar-se de símbolos" (Id., *O pensamento e o movente*, 188).

105. Id., *Essai sur les données immédiates de la conscience*, 74-75.

106. Ibid., 95-96.

Vê-se, pois, que a distinção fundamental no pensamento de Bergson, desde a sua primeira obra, é entre tempo (duração) e espaço. Essa distinção é interpretada por Frédéric Worms como uma distinção entre *dois sentidos da vida*[107]. Tem-se, aliado à vida interior de cada um, o seu ocultamento pelas exigências de ordem prática. Junto ao *eu profundo* que dura, atua o *eu superficial* que o esconde. O espaço tem uma função pragmática. Não se trata, portanto, alerta-nos Worms, de dois conceitos abstratos, mas de planos, níveis ou intensidades de vida: duração e espaço não são apenas análises nocionais como também *limites de nossa experiência*[108]. Se nos colocamos, de ordinário, no plano pragmático, nada impede que nos coloquemos, de extraordinário, em outro plano que tomaria então um sentido metafísico.

Worms sugere, já na introdução do seu referido livro, que é uma originalidade do pensamento de Bergson fazer frente tanto à metafísica transcendente pré-crítica quanto à filosofia crítica (na variante kantiana, analítica ou nietzschiana), por meio do "esforço para reencontrar a metafísica na *experiência*, através da diferença entre os dois sentidos da vida"[109].

No *Ensaio*, Bergson ainda não utiliza o termo *intuição* no sentido que marcará posteriormente toda a sua obra, mas aponta para uma "apercepção imediata" ou "percepção interna" que seria, por assim dizer, desnaturalizada pela simples "projeção que fazemos de nossos estados psíquicos no espaço para formar uma multiplicidade distinta"[110].

---

107. Worms, Frédéric, *Bergson ou os dois sentidos da vida*, trad. Aristóteles Angheben Predebon, São Paulo, Unifesp, 2010.

108. Ibid., 41.

109. Ibid., 17.

110. "Se, para contar os fatos de consciência, nós devemos lhes representar simbolicamente no espaço, não é provável que esta representação simbólica modificará as condições normais da percepção interna? [...] Assim, a projeção que nós fazemos de nossos estados psíquicos no espaço para formar uma multiplicidade

Se a reflexão natural da consciência já interfere nessa apercepção, que tipo de "conhecimento" é esse capaz de nos pôr em contato com a profundidade do nosso eu? Se o espaço é "não uma, mas a *única* forma de nosso conhecimento"[111], parece-nos legítimo concluir que a apreensão da nossa própria duração é uma experiência de ruptura lógica e epistêmica, algo bastante distinto tanto do conhecimento científico quanto da percepção e reflexão ordinária, ou da intuição racional do absoluto característica do idealismo alemão pós-kantiano. A intuição da duração não se limita, pois, a uma relação cognitiva entre sujeito e objeto, mas impõe ao indivíduo uma *experiência*, embora a distinção que aponta para tal experiência seja tecida por Bergson com um rigor quase dialético.

O *eu profundo* é o eu que não pode ser pensado. Aqui o trocadilho que Lacan faz com o *cogito* de Descartes ("penso onde não sou; portanto, sou onde não me penso") poderia ser aplicado, mas por motivos diferentes, já que Bergson enxerga além do condicionamento simbólico do homem. Embora indique a fragmentação imposta pela inteligência e pela linguagem na observação do eu, ele indica também a realidade desse eu que se esconde. O *eu profundo* é uma força, uma totalidade, uma transformação contínua, um devir permanente, uma melodia inconclusa. O eu *dura*, e essa duração caracteriza não apenas o eu como também qualquer movimento. A questão do movimento é a questão metafísica por excelência, e, para Bergson, o movimento tanto está na consciência quanto é real, porque o real é de essência psicológica, temporal, não espacial.

Em *Introdução à metafísica*, Bergson trata da distinção entre conhecimento relativo e conhecimento absoluto, vinculando a metafísica a este último. O movimento de um objeto no espaço

distinta deve influir sobre estes estados mesmos e lhes dar na consciência refletida uma forma nova que a apercepção imediata não lhe atribuía" (Bergson, *Essai sur les données immédiates de la conscience*, 67).

111. Worms, op. cit., 41.

é dito relativo pelo fato de poder ser distintamente percebido, a depender do sistema de eixos ou do ponto de referência adotado. Mas isso só se dá porque o observador está fora do objeto que observa[112]. O movimento mesmo é absoluto e indivisível e, visto de dentro, é um ato simples. Esse ato simples, porém, só pode ser apreendido na consciência, o que equivale a dizer que "há uma realidade exterior e, no entanto, dada imediatamente a nosso espírito"[113].

A realidade do movimento é duração e só pode ser apreendida por intuição, que é a "função metafísica do pensamento"[114]. Se a duração é tempo, devir, movimento, não se chega a ela por meio da análise de conceitos. O método da filosofia não pode ser uma captura, um recorte ou algo que interrompa o fluxo do real, descaracterizando-o, mas antes um compasso, uma sintonia, uma harmonia, uma ressonância.

Vimos que a ciência busca aquilo que é mensurável, cuja característica é justamente não durar, e vimos que essa perda da duração se relaciona ao condicionamento pragmático da inteligência e da linguagem que, não encontrando meios de exprimir o tempo real, o mescla ao espaço e que, sendo destinadas à ação, buscam exercê-la sobre pontos fixos, falando do movimento como de uma série de posições e da mudança como de estados sucessivos. Essa é a maneira humana de pensar e que nos foi dada tal como o instinto à abelha[115].

---

112. Bergson, *O pensamento e o movente*, 184.

113. Ibid., 218.

114. "[...] hesitamos longamente em nos servir do termo intuição; e, quando nos decidimos a tanto, designamos por essa palavra a função metafísica do pensamento: principalmente o conhecimento íntimo do espírito pelo espírito, subsidiariamente o conhecimento, pelo espírito, daquilo que há de essencial na matéria, a inteligência sendo sem dúvida feita antes de tudo para manipular a matéria e, por conseguinte, para conhecê-la, mas não tendo por destinação especial tocar-lhe o fundo" (Ibid., 223 – nota de rodapé).

115. Ibid., 87.

A inteligência só evolui com facilidade no espaço e só se sente à vontade no inorgânico[116]. Tendendo originariamente à fabricação, seu desenvolvimento normal efetua-se na direção da tecnicidade[117], manifestando-se através de uma atividade que preludia a arte mecânica e através de uma linguagem que anuncia a ciência[118]. O movimento, no que tem de essencial, a mudança, a transformação, a criação, não pôde ser efetivamente pensado porque aquilo de que se servira a filosofia, a saber, a inteligência, o pensamento reflexivo, a linguagem, o conceito, opera justamente como negação da essência do movimento.

A inteligência é, portanto, instrumento de ação para a vida e sua função é um certo tipo de assenhoramento daquilo que do movimento vital estagnou. Ela encontra seu domínio no sólido e, enquanto não obtiver de fora uma insinuação de que seria preciso reverter a natureza do seu procedimento, no sólido ela deverá permanecer, sob pena de aplicar ao movimento, à vida, ao espírito o olhar analítico que o descaracteriza.

Só é possível apreender efetivamente o movimento se nos movermos com ele. O que Bergson se propõe a mostrar é que a inteligência não nos põe *naturalmente* em contato com o tempo real, mas apenas com um tempo espacializado, adequado ao nosso modo próprio de concebê-lo com vistas à ação. De acordo com isso, a apreensão da duração seria antes a apreensão efetiva e desinteressada do tempo concreto, e não a suposta apreensão de uma eternidade atemporal.

Ao traçar o seu próprio itinerário intelectual na introdução de *O pensamento e o movente*, Bergson fala do seu objetivo inicial de consolidar a filosofia evolucionista de Spencer por meio do aprofundamento dos princípios últimos da mecânica, almejando com

116. Ibid., 88-89.
117. Ibid., 88.
118. Ibid.

isso completar uma filosofia que tinha a seus olhos o mérito de "modelar-se pelo detalhe dos fatos"[119]. Ele testemunha sua surpresa ao constatar que "o tempo real, que desempenha o papel principal em toda a filosofia da evolução, escapa à matemática"[120].

A tentativa de se voltar para o próprio movimento e não para sua representação espacial e o pressentimento de que o processo temporal efetivo que a ciência elimina pode ser encontrado na *vida interior*, corresponderia à *intuição da duração*. Pode-se dizer que a filosofia de Bergson se inicia com a constatação da impossibilidade de se pensar uma doutrina da evolução sem um retorno a uma experiência concreta que nos forneça o sentido de um tempo que não para, que não retroage, que não se repete, que não se mede e que incessantemente cria.

O tempo real ou a duração, que nem a ciência nem a metafísica conseguiram efetivamente pensar, surge então para Bergson como o elemento metafísico ou espiritual que requer a intuição como método. O tempo com o qual a ciência lida é apenas uma variável obtida através da relação com o espaço percorrido, enquanto o tempo na filosofia aparece como algo dado de ordinário através do entendimento ou da sensibilidade. Para Bergson, entretanto, o tempo que conhecemos não é o tempo o qual conhecemos, a duração a qual teríamos acesso apenas interiormente por meio de uma intuição. Não que a duração se dê à consciência através da intuição, como se houvesse aí uma clara distinção entre objeto, sujeito e método; antes a consciência – na integridade, no movimento e na qualidade que lhe são inerentes – é a própria duração e a intuição é a consciência tentando abarcar a si mesma.

Como o tempo para Agostinho, cuja compreensibilidade foge se lhe reclamam uma explicação, a duração que somos e na qual estamos é uma instância arredia a qualquer tentativa de demons-

119. Ibid., 4.
120. Ibid.

tração ou determinação. Sabemos o que ela é, mas o sabemos irrefletidamente, sendo o entrecruzamento entre as fontes interna e externa de nosso conhecimento o início da reflexão filosófica, de seu discurso e de seu método, cuja dificuldade estaria menos no ponto de partida imediato que na extensão desse conhecimento imediato para o restante do mundo.

Essa extensão seria possível, para Bergson, através da *simpatia*, isto é, de um ato simples a partir do qual o indivíduo se identifica com o objeto, coincidindo com aquilo que ele tem de único e inexprimível. Enquanto a inteligência opera sobre a matéria e especula sobre e a partir de conceitos, a intuição opera, sobretudo, como *simpatia*, como coincidência do sujeito com o objeto, em uma relação que antecede ou mesmo fundamenta, torna possível o conhecimento (em seu sentido tradicional, que pressupõe a oposição sujeito/objeto).

Sem abrir mão do sentido epistemológico requerido pela intuição, essa noção de *simpatia* guarda ainda um sentido ético e estético. É por meio da *simpatia* que o ser se faz elemento próprio da metafísica, permanecendo, não obstante, como objeto para a ciência. A intuição assume gradativamente o caráter próprio do ato de filosofar e se constitui no mesmo movimento de fundamentação do espaço no ser, concomitantemente, pois, à absolutização da ciência em seu âmbito próprio.

A elaboração da intuição como método filosófico se dá paralelamente à delimitação do conhecimento científico à matéria. Haveria, pois, no próprio ser, duas maneiras distintas de se revelar e, no homem, dois modos distintos de conhecer[121]. A ontologia

121. "Não haveria lugar para duas maneiras de conhecer, filosofia e ciência, caso a experiência não se apresentasse a nós sob dois aspectos diferentes, de um lado sob a forma de fatos que se justapõem a fatos, que se repetem aproximadamente, que se medem aproximadamente, que se desdobram, enfim, no sentido da multiplicidade distinta e da espacialidade, do outro sob a forma de uma penetração recíproca que é pura duração, refratária à lei e à medida. Nos dois casos,

reparte-se, então, entre a filosofia e a ciência; a primeira tentando dar conta daquela instância na qual se dão as diferenças de natureza e a segunda tentando dar conta daquela instância na qual se dão as diferenças de grau.

À primeira vista, à semelhança de algumas tradições filosóficas, a realidade do eu será tomada como ponto de partida capaz de fornecer, por analogia, uma compreensão da realidade externa à qual não temos acesso. Mas o original de Bergson será antes a lucidez acerca da amplitude do comprometimento da nossa consciência com essa exterioridade – sob a forma de tendência à espacialização –, juntamente com a recusa em reduzir à representação simbólica o conteúdo mais profundo da consciência.

A intuição da duração seria, inicialmente, a constatação de que o tempo real é de natureza psicológica, mas a filosofia da duração estaria nesse momento tão por se fazer quanto o problema do eu estaria por se aprofundar. Na medida em que os conceitos e imagens vão se formando em torno daquilo que o filósofo se propõe a apreender, a intuição vai se constituindo como o método adequado de apreensão, mas a experiência imediata à qual o método se vincula, a realidade de nossa própria pessoa e seu escoamento através do tempo, não é nem uma experiência banal e corriqueira nem uma noção clara e distinta, mas o sentimento de um esforço contínuo, indivisível[122], em constante mutação e imprevisível.

---

experiência significa consciência; mas, no primeiro, a consciência desabrocha lá fora e só se exterioriza em relação a si mesma na exata medida em que percebe coisas exteriores umas às outras; no segundo, volta para dentro de si, recobra-se e aprofunda-se" (Ibid., 143).

122. Deleuze faz notar que "seria um grande erro acreditar que a duração fosse simplesmente o indivisível, embora Bergson, por comodidade, exprima-se frequentemente assim. Na verdade, a duração divide-se e não para de dividir-se: eis por que ela é uma *multiplicidade*. Mas ela não se divide sem mudar de natureza; muda de natureza, dividindo-se: eis por que ela é uma multiplicidade não numérica, na qual, a cada estágio da divisão, pode-se falar de 'indivisíveis'" (Deleuze, Gilles, *Bergsonismo*, trad. Luiz B. L. Orlandi, São Paulo, 34, 1999, 31. (Coleção Trans).

A intuição da duração não se limita, portanto, ao eu, mas se prolonga na compreensão por *simpatia* da qualidade própria da exterioridade, como se o aprofundamento da linha vertical da subjetividade fosse o único caminho capaz de lançar nova luz sobre a linha horizontal da objetividade que, de outro modo, nada mais nos dá do que coisas e medidas.

A psicologia torna-se, assim, pórtico da ontologia, porque o conhecimento da força interna de cada um torna possível o esforço de simpatizar com a força interna explosiva da vida. Sendo *emoção* o que a passagem do tempo produz sobre a nossa sensibilidade, é pela emoção que acedemos à duração dos outros seres. Essa *emoção* de contato é *simpatia* através da qual nos é possível penetrar na consciência em geral, na causa profunda da organização vital ou na mudança e no movimento real do universo material.

Diz-nos Bergson que o esforço de intuição se realiza em alturas diferentes. Isso se deve ao caráter ilusório da fixidez do eu ou de suas faculdades[123]. Do eu para o mundo não há, pois, uma simples analogia, mas a depuração de uma unidade no uso de sua dinâmica, um abaixamento de tensão conforme o limite da situação da qual o eu se configura intérprete. A complexidade da ontologia é resultado da profundidade da concepção do eu, é resultado da maturação da concepção inicial bergsoniana do eu profundo.

O espírito se diz a partir de seu nível próprio de tensão; ele é o princípio modelável segundo as estruturas de cada ser; é a convergência de tensões em direção a um canal comum. Estados inanima-

---

123. "A intuição não é, portanto, uma faculdade do espírito humano, é a ideia mesma de que não há faculdades e que toda fixidez lhe é artificial. O método da intuição é o uso que o espírito pode fazer de sua própria plasticidade, um poder de se forçar a se modelar em um número indefinido de configurações. [...] A intuição é a tomada de consciência do poder fundamental que nós temos de modelar nosso próprio espírito" (Lemoine, Maël, Durée, différence et plasticité de l'esprit, in: Bergson, Henri, *La durée et la nature*, Paris, PUF, 2004, 112).

dos são estranhos às espécies e estados não materiais são estranhos aos que não se alçaram ainda a um determinado estágio de estruturação psíquica. A evolução depende de uma elaboração psicofisiológica, que se caracteriza justamente por um tempo ascendente e cujo estágio último pressupõe essa qualidade intrínseca de pormenorização ostensiva em todos os níveis. A criação é o esplendor do movimento e a tênue escada em que se produzem individualidades capazes de sustentar a intuição mística de uma plenitude cósmica de onde haurem a certeza do bem.

1.3. Intuição e evolução criadora

1.3.1. Evolução e elã vital

Bergson inicia o texto de *A evolução criadora* retomando reflexões anteriores sobre a continuidade da nossa vida psicológica, sobre a nossa duração, que é mudança ininterrupta, permanência da mudança, progresso contínuo. Essa vida psicológica, interior – da qual o tempo é o próprio estofo –, é um eu profundo que pulsa, que se engrandece, que cria a si mesmo incessantemente, que evolui. Eis o sentido que nossa consciência dá à palavra existir: "Existir consiste em mudar, mudar, em amadurecer, amadurecer, em criar-se indefinidamente a si mesmo"[124]. A evolução de qualquer ser vivo, explica Bergson, "implica um registro contínuo da duração, uma persistência do passado no presente e, por consequência, uma aparência ao menos de memória orgânica"[125]. Há, pois, uma semelhança do vivo com a consciência, na medida em que tudo o que é vivo dura[126]: "Continuidade de mudança, conservação do passado

---

124. Bergson, *L'Évolution créatrice*, 7.

125. Ibid., 19.

126. "Em todo lugar onde alguma coisa vive, há aberto, em alguma parte, um registro onde o tempo se inscreve" (Ibid., 16).

no presente, duração verdadeira, o ser vivo parece, portanto, partilhar tais atributos com a consciência"[127].

A vida também é invenção e criação incessantes. Tudo está no tempo e tudo nele pulsa (matéria) e evolui (espírito) interiormente. Rompendo com a espacialização imposta pelo entendimento ou pelos hábitos por ele contraídos, é possível acessar a continuidade da nossa vida psíquica profunda; recuperando aquilo que a vida acabou por abandonar ao evoluir na direção particular que culminou na inteligência humana, poderemos acessar a organização vital:

> Se, evoluindo na direção dos vertebrados em geral, do homem e da inteligência em particular, a vida teve que abandonar pelo caminho elementos incompatíveis com esse modo particular de organização e confiá-los, como mostraremos, a outras linhas de desenvolvimento, é a totalidade desses elementos que deveremos procurar e fundir com a inteligência propriamente dita para recuperar a verdadeira natureza da atividade vital. Seremos nisso, sem dúvida, ajudados pela franja de representação confusa que envolve nossa representação distinta, quer dizer, intelectual: o que pode ser essa franja inútil, com efeito, senão a parte do princípio evoluinte que não se encolheu até a forma especial da nossa organização e que passou por contrabando? É, portanto, aí que teremos que ir buscar indicações para dilatar a forma intelectual de nosso pensamento; é aí que obteremos o elã necessário para nos elevar acima de nós mesmos[128].

Assim como mostramos tratar-se a causalidade psíquica de uma força específica irredutível à causalidade na natureza e às explicações reducionistas do associacionismo, também a atividade vital precisará de um "modo de explicação *sui generis*"[129], não redu-

---

127. Ibid., 23.
128. Ibid., 49.
129. Ibid., 96.

tível nem ao mecanismo nem ao finalismo; uma explicação que, abrindo mão de representar a organização da vida por analogia com a fabricação humana[130], seja capaz de dar conta a um só tempo da "complexidade do organismo e da unidade da função"[131], mostrando que a infinita complicação aparente do objeto diz respeito antes ao entendimento que o analisa ou aos sentidos que o contornam, e não ao objeto mesmo, ao qual pertence a simplicidade[132]. A atividade vital ou o ato de organização é um ato indivisível e explosivo[133], como indivisíveis e explosivos são os atos livres que emanam da nossa personalidade inteira.

Essa compreensão do vital para além do mecanismo ou do finalismo é o ponto de vista da filosofia, que enxergará na materialidade um "conjunto de obstáculos contornados"[134], o rastro solidificado de um movimento real, indivisível e invisível para o qual a sua ordem aponta em um sentido inverso, "a forma global de uma resistência e não uma síntese de ações positivas e elementares"[135]. É para adotar essa perspectiva filosófica e tornar possível um novo tipo de explicação que Bergson propõe a hipótese do elã vital, imagem para a qual converge a análise dos dados biológicos da evolução interpretados à luz do seu método de pesquisa.

Nessa hipótese está implicada uma definição da vida como "tendência a agir sobre a matéria bruta"[136], em um sentido não predeterminado, donde "a imprevisível variedade de formas que a vida, evoluindo, semeia sobre o seu caminho"[137]. Nessa imprevisibilidade está contida a contingência, que implica possibilidade de escolha que, por sua vez, "supõe a representação antecipada de muitas ações

130. Ibid., 93.
131. Ibid., 89.
132. Ibid., 90.
133. "[...] o ato de organização tem qualquer coisa de explosivo" (Ibid., 93).
134. Ibid., 94.
135. Ibid., 95.
136. Ibid., 97.
137. Ibid.

possíveis"[138]. A percepção visual será justamente o desenho de tais possibilidades de ação[139], sendo o mundo, tal como o percebemos, a resposta a um determinado grau de liberdade, ou da liberdade atingida pelo espírito em um determinado grau do ser.

Atualmente a biologia evolucionista supõe que as diversas linhagens evolutivas vieram de um ancestral comum. Bergson se vincula a essa hipótese[140], propondo no ensaio *A consciência e a vida* uma linha de argumentação a partir da suposição de uma "massa de geleia protoplasmática"[141] que, sendo deformável à vontade, teria tomado, de um lado, o caminho do movimento – assinalando o rumo do animal e da consciência – e, de outro, o caminho da fixidez e da insensibilidade – assinalando o mundo dos vegetais. Essa primeira duplicação do ancestral comum deveu-se à forma peculiar com que o ser vivo buscou assegurar-se da provisão de carbono e de nitrogênio de que tinha necessidade[142].

Provenientes de um elã comum, vegetais e animais resultam de uma primeira diferenciação de funções, sendo a primeira responsável pela produção e acumulação de energia e a segunda, pela utilização dessa energia para o movimento. A evolução é a continuação de um movimento inicial indivisível, cuja trajetória não é linear, mas cheia de bifurcações e retornos, muito embora tenha encontrado na linha que sobe ao longo dos vertebrados até o homem um espaço aberto para a transmissão daquilo cuja passagem constitui o essencial[143].

---

138. Ibid.

139. Ibid.

140. "Ainsi, tout nous fait supposer que le végétal et l'animal descendent d'un ancêtre commun qui réunissait, à l'état naissant, les tendances de l'un et de l'autre" (Ibid., 114).

141. Id., A consciência e a vida, in: Id A *energia espiritual*, trad. Rosemary Costhek Abílio, São Paulo, WMF Martins Fontes, 2009, 11.

142. Id., *L'Évolution créatrice*, 114.

143. "A evolução da vida, desde suas origens até o homem, evoca a nossos olhos a imagem de uma corrente de consciência que penetrasse na matéria como para abrir uma passagem subterrânea, fizesse tentativas à esquerda ou à direita,

A compreensão do movimento evolutivo requer, segundo Bergson, a determinação da natureza das tendências que se dissociaram, a fim de sugerir ao intelecto o que seja o seu princípio comum. As direções divergentes da evolução da vida foram o torpor, a inteligência e o instinto. Não havendo na vida manifestação que não contenha em estado rudimentar, latente ou virtual, os caracteres essenciais da maior parte das outras manifestações[144], tem-se que a diferença de grupos se dará não pela possessão de certos caracteres, mas pela tendência a acentuá-los[145]. Desse modo, segundo essa "definição dinâmica"[146], os vegetais se distinguem pelo poder de criar a matéria orgânica "às custas do elemento mineral que eles tiram diretamente da atmosfera, da terra ou da água"[147], enquanto os animais se distinguem pela necessidade de buscar os vegetais ou os outros animais que consumiram os vegetais a fim de se nutrirem. Isso significa que o animal é necessariamente móbil, estando a mobilidade implicada com a consciência, que é justamente aquele algo especial para cuja passagem o ser vivo se fez.

A evolução da vida é uma criação que prossegue sem fim em virtude de um movimento inicial que dá unidade ao mundo organizado, "unidade fecunda, de uma riqueza infinita, superior àquilo que alguma inteligência poderia sonhar, porque a inteligência é apenas um de seus aspectos e de seus produtos"[148].

A observação do conjunto do mundo organizado mostra ainda que é essencial nessa evolução a formação e manutenção do sistema nervoso, que é "um verdadeiro reservatório de indetermina-

---

forçasse menos ou mais em frente, na maior parte do tempo fosse partir-se contra a rocha e, entretanto, pelo menos em uma direção, conseguisse abrir caminho e reaparecesse à luz. Essa direção é a linha de evolução que leva ao homem" (Id., in: *A energia espiritual*, 21).

144. Id., *L'Évolution créatrice*, 107.
145. Ibid.
146. Ibid., 108.
147. Ibid., 109.
148. Ibid., 106.

ção"[149]. Nas plantas, porém, não há um verdadeiro sistema nervoso e "o mesmo elã que levou o animal a se dar nervos e centros nervosos deve ter resultado na planta na função clorofílica"[150]. A vida fabricou um explosivo através do armazenamento da energia solar, tendo em vista a própria explosão dessa energia. Portanto, não apenas a direção fundamental da vida se deu na evolução do animal e não do vegetal como também se pode constatar – pelo fato de ser no elemento nervoso que se concentra essa faculdade de liberar bruscamente a energia acumulada – que o sistema sensório motor não está no mesmo patamar que os outros, mas que é dele que tudo parte e é para ele que tudo converge, estando o resto do organismo a seu serviço[151] e sendo a emergência da atividade nervosa da massa protoplasmática o que chama todo o restante da complicação funcional do organismo sob o qual ela irá se apoiar[152]: "Da mais simples monera até aos insetos os mais bem dotados, até aos vertebrados os mais inteligentes, o progresso realizado foi sobretudo um progresso do sistema nervoso com, a cada etapa, todas as criações e complicações de peças que esse progresso exigia"[153]. Da irritabilidade geral e uniforme dos seres unicelulares, provocada por excitações químicas ou físicas, à canalização gradual dessa irritabilidade, através do desenvolvimento de mecanismos de condutibilidade e contratilidade e da consequente diferenciação das células sensoriais, constata-se uma tendência ao movimento possibilitada pela complexificação do organismo.

Chegando à animalidade, a força que evolui se engajou em quatro grandes direções, duas delas nas quais houve um impasse[154]. Ao mesmo tempo que se desenvolvia a mobilidade en-

149. Ibid., 127.
150. Ibid., 115.
151. Ibid., 125.
152. Ibid., 126.
153. Ibid., 127.
154. Ibid., 130.

tre os animais, crescia a ameaça de uns contra os outros. Estruturas protetoras como a pele dura e calcária do equinodermo, a concha do molusco, a carapaça do crustáceo e a couraça ganoide dos antigos peixes, ao mesmo tempo que protegiam, cerceavam o movimento e às vezes imobilizavam[155]. Com essa parada no progresso que conduzira à mobilidade, equinodermos e moluscos caíram no torpor, enquanto artrópodes e vertebrados, embora sujeitos à mesma ameaça, triunfaram na situação, suprindo a insuficiência do invólucro protetor por agilidade que permitia escapar dos inimigos[156].

As duas vias exitosas, a dos artrópodes e a dos vertebrados, evoluíram, a partir de então, separadamente. Tendo como ponto culminante respectivamente os insetos himenópteros e os homens, e levando em conta que em nenhuma parte o instinto é tão bem desenvolvido quanto nos insetos himenópteros, pode-se dizer que "toda a evolução do reino animal [...] se completou sob duas vias divergentes, das quais uma ia para o instinto e a outra para a inteligência"[157]. De complicação em complicação, a tendência ao movimento, à ação, à atividade, a energia criadora, o *elã vital* ou simplesmente a consciência lançada através da matéria "fixou sua atenção sobre seu próprio movimento ou sobre a matéria que ela atravessara. Ele se orientava assim seja no sentido da intuição, seja no sentido da inteligência"[158]. No primeiro sentido, aquele que seguiu a corrente da vida, a consciência permaneceu interior a si mesma, comprimindo-se e encolhendo-se em instinto. No segundo sentido, aquele que se especializou em agir sobre a matéria, a consciência intelectualizou-se, exteriorizando-se e alargando seu domínio.

155. Ibid., 132.
156. Ibid.
157. Ibid., 135.
158. Ibid., 183.

1.3.2. Instinto e inteligência

Já foi dito que cada manifestação da vida contém virtualmente, em diferentes proporções, as outras manifestações nas quais a vida se cindiu ao crescer[159]. Vimos também como a vida vegetal e animal se opõem e se complementam. Assim também ocorre com o instinto e a inteligência no animal, que não são graus sucessivos de uma mesma tendência, mas direções opostas e complementares de uma atividade que se cindiu ao crescer[160].

O instinto, sendo a faculdade natural de utilizar um mecanismo inato[161], tem por vantagem a perfeição com que responde imediatamente e com simplicidade à necessidade que foi chamado a satisfazer, mas tem por inconveniente a invariabilidade de sua estrutura, devido à extrema especialização que faz com que qualquer modificação nela acarrete uma modificação na espécie[162]. A inteligência, por sua vez, sendo a capacidade de fabricar objetos artificiais[163], embora os fabrique imperfeitamente e à custa de esforço, tem a imensa vantagem de se deixar transformar pela sua própria fabricação e abrir um campo indefinido de atividade em vez de fechar o ciclo de ação em que o animal se move instintivamente[164]. O que a inteligência possibilita é, sobretudo, a *passagem do impulso criador inicial*. Da perfeita funcionalidade instintual para a imperfeita funcionalidade intelectual, há um imenso salto qualitativo que sobrepuja o pequeno déficit:

> [...] a inteligência visa de início à fabricação. Mas ela fabrica por fabricar ou persegue involuntariamente e mesmo inconscientemente outra coisa? Fabricar consiste em informar a matéria, em torná-la

159. Ibid., 107.
160. Ibid., 136.
161. Ibid., 140.
162. Ibid., 141.
163. Ibid., 140.
164. Ibid., 142.

> maleável, em dobrá-la, em convertê-la em instrumento a fim de dela se assenhorar. É este domínio que aproveita à humanidade, bem mais que o resultado material da invenção mesma. [...] Tudo se passa enfim como se o domínio da matéria pela inteligência tivesse por principal objeto *deixar passar algo* que a matéria obstaculiza.

Da força imanente à vida podemos supor – do ponto de vista do conhecimento[165] – uma tendência que implicava em si uma apreensão imediata de um objeto determinado na sua materialidade mesma e uma potência natural de relacionar um objeto a outro objeto. O que há de inato na inteligência não é o conhecimento de nenhum objeto específico, mas sim a tendência de estabelecer *relações*[166]: relações do atributo ao sujeito, relações que o verbo exprime, relações de equivalente a equivalente, de conteúdo a continente, de causa e efeito etc.[167] Na filosofia chamou-se isso de "conhecimento formal", que, para Bergson, não é algo *a priori*, mas um hábito contraído, um determinado direcionamento do espírito ou uma inclinação natural da atenção[168]. Também desse ponto de vista podemos notar a vantagem do conhecimento formal da inteligência sobre o conhecimento material do instinto:

> Uma forma, justamente por ser vazia, pode ser preenchida à vontade por um número indefinido de coisas, mesmo por aquelas que não servem para nada. De modo que um conhecimento formal não se limita àquilo que é praticamente útil, ainda que tenha sido em vista da utilidade prática que ele tenha feito sua aparição no mundo. Um ser inteligente porta em si os meios para superar-se a si mesmo[169].

165. Ibid., 150.
166. Ibid., 148.
167. Ibid.
168. Ibid.
169. Ibid., 152.

Nota-se, pois, que, longe de fazer apologia ao irracionalismo, Bergson reconhece desde o início as enormes vantagens da inteligência no processo evolutivo. Mas o processo evolutivo, a passagem do elã vital, continua para além da inteligência. Faz-se, pois, necessário, não apenas reconhecer o inestimável valor da inteligência, mas também buscar as formas de superá-la para que se compreenda o movimento que a gerou. A inteligência não abarca a totalidade do apreensível.

A matéria, tal como se apresenta aos nossos sentidos, responde à necessidade de ação, de fabricação. Ao processo de intelectualização da consciência correspondeu o processo de espacialização da matéria[170]. Mas tanto a consciência ultrapassa a inteligência quanto a matéria ultrapassa a percepção que temos dela. À consciência, que é coextensiva à vida, corresponderia não a matéria percebida, mas uma interação universal que extrapola a nossa capacidade original de percepção.

Instinto e inteligência, sendo direções opostas e complementares de uma mesma tendência ou de um mesmo elã original, podem potencializar-se mutuamente por meio de um esforço ou tensão que insere a intelectualidade no movimento mais alto e mais vasto que a gerou.

A vida é a travessia da matéria por uma corrente de consciência. Pelo seu próprio crescimento, "pela necessidade de se aplicar sobre a matéria ao mesmo tempo em que seguia a corrente da vida"[171], a consciência se cindiu, constituindo nessa cisão "a dupla forma do real"[172]. A intuição, porém, deixando a vida e a consciência interiores a si mesmas, comprimiu-se tanto em seu próprio envol-

---

170. "Le même mouvement qui porte l'esprit à se determiner en intelligence, c'est-à-dire en concepts distincts, àmene la matière à se morceler en objets nettement exteriéurs les uns aux autres. Plus la conscience s'intellectualise, plus la matiére se spatialise" (Ibid., 90).

171. Ibid., 179.

172. Ibid., 180.

tório que não pôde ir adiante, precisando encolher-se em instinto, ou seja, "abraçando apenas a pequena porção de vida que a interessava. Ainda, abraça-a na sombra, tocando-a, quase sem vê-la"[173].

Ao contrário, sob a forma de inteligência, a consciência se concentra de início sobre a matéria, exterioriza-se a si mesma e alarga seu domínio[174]. A inteligência, na sua exteriorização e concentração sobre a matéria, liberta a consciência adormecida que poderá depois "recolher-se interiormente e despertar as virtualidades de intuição que nela ainda dormitam"[175]. A inteligência voltada para a matéria como campo de atuação da ciência e a intuição voltada para a vida como campo de atuação da filosofia formariam um ciclo de pesquisa empírica em torno da evolução[176]. Quando o que se busca é o significado profundo do movimento evolutivo, deve entrar em jogo a possibilidade de resgatar no homem uma virtualidade psíquica, de resgatar "certas potências complementares do entendimento, potências das quais nós só temos um sentimento confuso quando permanecemos fechados em nós, mas que se aclararão e se distinguirão quando elas se aperceberem em obra, por assim dizer, na evolução da natureza"[177].

Nós estamos, por ora, situados na linha evolutiva que se voltou de preferência sobre a matéria, mas tentamos, não obstante, apreender o movimento da vida. É aqui que a perseguição de determinados problemas pressupõe a superação da reflexão meramente racional, exigindo um novo método para a filosofia que quer ir adiante.

A teoria da vida reconstitui as grandes linhas que a evolução percorreu e a teoria do conhecimento nos mostra os limites dos quadros nos quais o conhecimento se constituiu, redirecionando

173. Ibid., 183.
174. Ibid.
175. Ibid.
176. Ibid., 180.
177. Ibid., Introdução, IX.

o pensamento para a "nebulosidade vaga"[178] que, fusionada com a inteligência precavida de si, fornece o método capaz de aprofundar a natureza da vida.

Esse é o sentido da afirmação de Bergson, de que o objetivo da obra A *evolução criadora* é antes a definição de um método e o estudo das suas possibilidades de aplicação do que propriamente uma resolução imediata dos grandes problemas[179]. O aspecto central da obra é o estabelecimento de uma relação entre teoria do conhecimento e teoria da vida[180], sem a qual não é sequer possível tangenciar os reais problemas metafísicos.

1.3.3. Intuição do vital e gesto criador

A admirável ordem matemática, que deslumbrou físicos e metafísicos na modernidade, não é algo positivo, mas um "sistema de negatividades"[181] que "exprimem uma deficiência do querer"[182] e que foi criado concomitantemente à extensão no espaço pela inversão de um movimento original[183], por uma interrupção ou diminuição da realidade positiva, psicológica, espiritual.

Esse movimento original é o movimento criador, é a marcha avante da espiritualidade[184] cuja distensão culminou no espaço[185].

---

178. Ibid.

179. Ibid., Introdução, X.

180. Ibid., Introdução, IX.

181. Ibid., 209.

182. Ibid., 210.

183. Ibid., 211.

184. "Si l'on entend par spiritualité une marche en avant à des creátions toujours nouvelles, à des conclusions incommensurables avec les prémisses et indeterminables par rapport à elles, on devra dire d'une representation qui se meut parmi des rapports de determination nécessaire, à travers des premisses qui contiennent par avance leur conclusion, qu'elle suit la direction inverse, celle de la matérialité" (Ibid., 213).

185. Ibid.

A complicação da ordem matemática não cria, mas é ela própria criada pela distração da potência criadora, pelo relaxamento do inextenso em extensão, da liberdade em necessidade[186]. Já o esforço da vida, a ordem "do vital e do voluntário" em oposição à ordem "do inerte e do automático", é "aquilo que subsiste do movimento direto no movimento invertido, *uma realidade que se faz através daquela que se desfaz*"[187]. Está claro que, ao refutar a tese de que a faculdade de conhecer abrange a totalidade da experiência, Bergson aponta para um tipo de "conhecimento" que está no cerne de sua cosmologia e que não é meramente intelectual ou racional. Esse "conhecimento" é a intuição, que aqui aparece não simplesmente como método filosófico como também como tensão ou esforço por meio do qual a intelectualidade se reinsere na forma de existência mais vasta e mais alta que a gerou[188]. Essa forma de existência "mais vasta e mais alta" é a espiritualidade, em contraposição à materialidade e à intelectualidade[189]. O caminho para atingi-la é o da introspecção, da circunspecção, da interiorização:

> Concentremo-nos, portanto, sobre aquilo que nós temos de mais afastado do exterior e menos penetrado de intelectualidade. Procuremos, no mais profundo de nós mesmos, o ponto onde nos sentimos mais interiores à nossa própria vida. É na duração pura que nós mergulharemos então. Uma duração onde o passado, sempre em marcha, se avoluma incessantemente de um passado sempre novo[190].

---

186. Ibid., 218-219.

187. Ibid., 225.

188. "Intellectualité et matérialité se seraient constituèes, dans le détail, par adaptation recíproque. L'une et l'autre dériveraient d'une forme d'existence plus vaste et plus haute" (Ibid., 188).

189. "Au fond de la 'spiritualité' d'une part, de la 'materialité' avec l'intellectualité de l'autre, il y aurait donc deux processus de direction opposée, et l'on passerait du premier au second par voie d'inversion, peut-être même de simple interruption" (Ibid., 202).

190. Ibid., 201.

O acesso àquela forma mais alta de vida, da qual saíram o intelecto e a matéria, pressupõe um salto, um mergulho no próprio ser, no eu profundo, cujo conteúdo é estranho à lógica habitual, ao meio racional com o qual já estamos habituados. A superação da inteligência sugerida por Bergson não advém, portanto, de uma inteligência que especula sobre si mesma, mas de uma vontade que absorve em si o pensamento, de um espírito que volta sobre si a sobra de atenção que começou por dedicar à matéria e, dilatando-se, bate-se contra as bordas do inconsciente que busca iluminar.

Diante dos fatos biológicos que apresentam a evolução da vida, Bergson troca as tentativas tradicionais de compreensão, baseadas em esquemas matemáticos, por aproximações de ordem psicológica: "Quem busca a coincidência com a duração deve se pôr no ponto de vista do todo; quem se põe no ponto de vista do todo, se põe em face da duração e porque a duração é de essência psicológica, o esquema da totalidade é de origem psicológica"[191].

A possibilidade de um esforço desse gênero é demonstrada, segundo Bergson, pela "existência, no homem, de uma faculdade estética ao lado da percepção normal"[192]. O artista tenta apreender não apenas os traços dos seres vivos, justapostos uns aos outros, como também a intenção da vida, e o faz "se colocando no interior do objeto por uma espécie de simpatia, abaixando, por um esforço de intuição, a barreira que o espaço interpõe entre ele e seu modelo"[193]. Mas enquanto a intuição estética apreende apenas o individual, a intuição filosófica concebida e aplicada por Bergson tomaria por objeto a vida em geral[194]. Essa intuição, mesmo permanecendo uma "nebulosidade vaga", orientará a filosofia que, ciente

191. Gouhier, Henri, *Bergson et le Christ des évangiles*, Paris, Librairie Philosophique Vrin, 1999, 60.
192. Bergson, *L'Évolution créatrice*, 178.
193. Ibid.
194. Ibid.

dos limites da inteligência para a compreensão da vida, terá uma sugestão de como alargá-la.

Para quebrar o círculo vicioso do raciocínio é preciso mergulhar no "oceano de vida", que nos banha e do qual haurimos a própria força para agir e para refletir. É preciso dar um salto, assumir os riscos de uma intuição que é também um "esforço doloroso"[195], uma vez que viola bruscamente a natureza, pondo a inteligência na direção inversa da sua inclinação natural. Esse esforço de intuição só pode ser sustentado por alguns instantes, instantes esses que serão suficientes ou para a construção de um sistema filosófico ou para a renovação da própria filosofia, que buscará constituir-se como desenvolvimento metodológico pautado pela intuição à qual se vincula, e não como estrutura conceitual que a solidifica e sufoca. A experiência apontada por Bergson no âmago da sua cosmologia é, pois, a da coincidência da consciência com o seu princípio[196]; é a reinserção do "nosso ser em nosso querer e nosso querer ele próprio na impulsão que ele prolonga"[197]. A intuição que nos fará "engendrar a inteligência"[198] é uma visão do espírito, não uma visão do intelecto: "Ensaiemos ver não mais com os olhos apenas da inteligência, que só apreende o já feito e que olha de fora, mas com o espírito, ou seja, com esta faculdade de ver que é imanente à faculdade de agir e que jorra, de certo modo, da torção do querer sobre ele mesmo"[199].

Já vimos que intuir é pensar em duração, ou seja, colocar-se no dinâmico e não no estático. A intuição do vital põe o filósofo no

195. Ibid., 238.

196. Ibid.

197. Ibid., 240.

198. "Mais instinct et intelligence se détachent l'un et l'autre [...] sur un fond unique, qu'on pourrait appeler, faute d'un meilleur mot, la Conscience en géneral, et qui doit être coextensif à la vie universelle. Par là nous faisions entrevoir la possibilité d'engendrer l'intelligence, en partant de la conscience qui l'enveloppe" (Ibid., 187).

199. Ibid., 251.

gesto criador[200], no movimento direto, na realidade que se faz. Não há, pois, "coisa" que cria ou "coisa" criada. O que há é o movimento direto (que é espírito) e o movimento invertido (que advém da matéria): "Não há coisas, há apenas ações"[201]. Assim é, segundo Bergson, em nosso planeta e assim deve ser, pondera o filósofo, em todos os outros[202], pois – como o mostra a observação das nebulosas em vias de formação – "o universo não está feito, mas faz-se incessantemente. Cresce indefinidamente, sem dúvida, pela adjunção de mundos novos"[203].

Todo esse dinamismo universal teria um centro "de onde jorrariam os mundos como os foguetes de um imenso buquê"[204]. Esse centro, desde que seja tomado não como coisa, mas como "continuidade de jorro", pode ser chamado Deus, que, "assim definido, nada tem de já pronto; é vida incessante, ação, liberdade"[205].

1.4. Da intuição filosófica à experiência mística

1.4.1. Mística, método de recorte e sentido do elã vital

Vimos que Bergson sustenta a tese de que a inteligência não opera naturalmente sobre o tempo real, isto é, sobre a duração, mas que é capaz de fazê-lo através de um esforço que reverta a sua inclinação natural. Vimos ainda que esse esforço, contração ou tensão é (também) o que ele chama de "intuição", consciência imediata do fluxo da nossa vida interior, passível de ser estendida para a consciência em geral por meio de uma simpatia com tudo que vive e dura.

200. Ibid., 248.
201. Ibid., 249.
202. Ibid.
203. Ibid., 242.
204. Ibid., 249.
205. Ibid.

Tratar-se-ia, nesse último caso, de uma intuição do vital, recuperação, pela consciência, do elã de vida que também está em nós.

Mostramos também que o instinto é uma das linhas da evolução, além de ser um tipo de "atividade psíquica" mais adaptada à vida; seria a intuição apresentando-se como esse mesmo instinto tornado desinteressado. Pois bem, em carta a É. Borel, Bergson define o *elã vital* como "princípio de mudança"[206], e a "mudança pura, a duração real é coisa espiritual ou impregnada de espiritualidade. A intuição é o que atinge o espírito"[207]. Para ele, pois, tratar-se-ia sempre do espírito e de um método que lhe seja adequado.

Na medida em que pretende retomar a experiência, é de esperar que a filosofia de Bergson seja atravessada pela crítica de todos os sistemas que, conscientemente ou não, subordinaram os fatos aos dogmas de suas teses preconcebidas. Assim, pode-se dizer que no *Ensaio* há uma superação do associacionismo e a sugestão de um retorno à experiência do eu que dura; em *Matéria e memória* há o retorno às patologias cujo estudo conduziram os cientistas da época a conclusões contrárias àquilo que a experiência do *Ensaio* proclamava; em *A evolução criadora* deu-se a tentativa de ler a evolução a partir dela mesma e não a partir das doutrinas preexistentes, como o materialismo, que conduzia à interpretação mecanicista, e o espiritualismo, que conduzia à interpretação finalista.

Finalmente, em *As duas fontes da moral e da religião* tentou-se compreender a experiência dos místicos sem a capa protetora do dogmatismo religioso, o que possibilitou enxergar em tal experiência aquilo que o exame dos dados biológicos havia reclamado: uma experiência intuitiva, atravessada por uma potência psíquica capaz de exaltar o indivíduo e fazê-lo acolher em si o potencial evolu-

---

206. "Isto que eu chamo *élan* vital [...] é um princípio de mudança bem mais que de conservação. Mas sobretudo é um princípio do qual não se obterá jamais uma aproximação se não for por esquemas de ordem psicológica" (Carta a Émile Borel, in: Dossiê crítico de *L'Évolution créatrice*, 603).

207. Bergson, La pensée et le mouvant, in: Id., *Oeuvres*, Paris, Du Centenaire/PUF, 41984.

tivo desperto. A experiência fora, assim, interpelada em dupla perspectiva: de um lado, os dados científicos fornecidos pela biologia – seguidos de perto por aquela capacidade intuitiva de pensar em duração – apontavam para uma experiência suprarracional e, por outro, uma tradição dita mística a descrevia. O que coube ao filósofo foi juntar as pontas dessas duas faces da investigação, prolongando-as até o ponto de se tocarem, chegando, assim, à certeza:

> Nós reconhecemos, entretanto, que a experiência mística, deixada a si mesma, não pode dar ao filósofo a certeza definitiva. Ela só seria totalmente convincente se este tivesse chegado por outra via, como a experiência sensível e o raciocínio baseado nela, a encarar como verossímil a existência de uma experiência privilegiada, pela qual o homem entraria em contato com um princípio transcendente. A descoberta, nos místicos, dessa experiência tal como se esperava, permitiria então reforçar os resultados adquiridos, ao passo que estes resultados fariam recair sobre a experiência mística qualquer coisa de sua própria objetividade. [...] Falávamos outrora dessas "linhas de fato", cada uma das quais fornece apenas a direção da verdade por não ir suficientemente longe: prolongando duas de entre elas até o ponto onde se cortam, chegaremos, contudo, à verdade mesma. O agrimensor mede a distância de um ponto inacessível visando-o alternadamente de dois pontos aos quais tem acesso. Consideramos que esse método de recorte é o único capaz de fazer avançar definitivamente a metafísica. [...] Ora, acontece precisamente que o aprofundamento de uma certa ordem de problemas, muito diferentes do religioso, nos conduziu a conclusões que tornaram provável a existência de uma experiência mística. E por outro lado a experiência mística, estudada por si mesma, fornece-nos indicações capazes de se somarem aos ensinamentos obtidos num domínio completamente distinto[208].

208. Id., *Les deux sources de la morale et de la religion*, 263-264.

A consideração dos fatos biológicos conduziu Bergson à concepção do *elã vital* e de uma evolução criadora, permanecendo, entretanto, sem resposta questões acerca da origem, do destino e do sentido de suas manifestações. Os fatos biológicos considerados em *A evolução criadora* não ofereceram essa resposta, mas indicaram o caminho para se chegar até ela. A resposta deveria vir das potencialidades intuitivas, do despertar, no homem, do outro modo de conhecimento no qual a energia lançada através da matéria se dividira. As respostas para as questões acima referidas seriam, então, obtidas por uma "intensificação superior" da intuição:

> Mas do mesmo modo que em torno do instinto animal subsistia uma franja de inteligência, assim também a inteligência humana se aureolava de intuição. Esta, no homem, se mantivera plenamente desinteressada e consciente, mas não passava de um clarão, e que não se projetava muito longe. É dela, entretanto, que viria a luz, caso o interior do elã vital, sua significação e sua destinação pudessem ser esclarecidas. Pois ela estaria virada para dentro; e se, por uma primeira intensificação, ela nos fazia apreender a continuidade da nossa vida interior, se a maior parte dentre nós não iria tão longe, uma intensificação superior a conduziria talvez até as raízes do nosso ser e daí até o princípio mesmo da vida em geral. A alma mística não teria justamente um tal privilégio?[209]

De *A evolução criadora* para *As duas fontes* passa-se da constatação da vida como criação para o desvelamento do sentido da vida. O que a consideração da experiência mística em *As duas fontes* acrescenta à consideração dos dados biológicos em *A evolução criadora* é a definição da energia criadora como amor:

---

209. Ibid., 265.

Seres foram chamados à existência que eram destinados a amar e a serem amados, a energia criadora devendo se definir pelo amor. Distintos de Deus, que é essa energia mesma, eles só puderam surgir em um universo e foi por isso que o universo surgiu. Na porção do universo que é o nosso planeta [...] para que tais seres se produzissem, precisaram se constituir em espécie, e esta espécie necessitou de muitas outras que foram sua preparação, seu sustento ou seu dejeto[210].

Não se trata absolutamente de ler o misticismo em função de um sistema de pensamento ou buscar dados que confirmem uma visão de mundo preestabelecida[211]. Não se trata de explicar o fenômeno moral e religioso pela evolução criadora, mas sim de explicar a evolução criadora pelo fenômeno moral e religioso, sendo a identificação entre energia criadora e amor a explicação do ato da criação e seus efeitos:

> [...] o plano de criação do próprio Deus precisou dar-se condições sucessivas e negativas de possibilidade: para haver o místico, foi preciso haver humanidade, para haver humanidade, foi preciso a vida, para haver a vida, foi preciso a matéria, o universo. [...] Assim, se o amor revela a finalidade da criação, ele explica também seus limites [...]: a criação, e sua interrupção [...] seus efeitos negativos

---

210. Ibid., 273.

211. "Trata-se, nesse novo livro [*As duas fontes da moral e da religião*], de aplicar do exterior e de maneira, no fundo, dogmática, a filosofia da vida já consolidada no livro precedente ao problema da moral e da religião? Ou antes, o que mudaria tudo, trata-se de renovar a filosofia da vida de *A evolução criadora* (e através dela, talvez toda a filosofia de Bergson), através da *experiência* da moral e da religião? [...] *As duas fontes* mantém uma relação privilegiada, por assim dizer, com *A evolução criadora*. Mas não se trata de aplicar uma filosofia da vida a um novo domínio que inversamente não a alteraria; ao contrário, trata-se de partir dessa experiência e de constatar que ela não nos reconduz à filosofia da vida sem afetá-la em profundidade, confirmando-a, decerto, em sua estrutura de conjunto, mas modificando-a em sua significação mesma e, através dela, o conjunto da filosofia da qual era um ponto de equilíbrio" (WORMS, *Bergson ou os dois sentidos da vida*, 290-291).

e suas paradas, sua atividade e, no fundo, sua duração, mas também sua recaída e, no fundo, sua espacialidade. O amor, tal como o encontra o místico, explicaria, pois, a criação tal como a concebia Bergson[212].

O verdadeiro misticismo, sendo definido em sua relação com o *elã vital*, é um fenômeno raro[213], compreendido por Bergson como o transbordamento da energia criadora em um indivíduo, capaz de ir além do que é natural à espécie humana. O misticismo seria uma retomada, no indivíduo, do processo evolutivo ou do esforço criador que estacionara na inteligência humana como se aí houvesse encontrado seu triunfo final.

O homem seria, portanto, a razão de ser da vida na terra e o triunfo da evolução criadora; não por ser dotado de inteligência, mas por ser capaz de amar. O místico seria misteriosamente insuflado pelo mesmo elã cujo desenvolvimento resulta no interminável espetáculo da evolução[214] e exprimiria a intensificação desse elã como sendo uma experiência de amor que se eleva de sua alma a Deus e retorna estendendo-se a toda a humanidade[215]. O misticismo completo não seria, pois, apenas possibilidade de contemplação e êxtase, mas potência de ação capaz de levar a realizações extraordinárias.

A experiência mística, ao manifestar o seu contato com a verdade sob a forma de amor à humanidade, ofereceria, ao filósofo

---

212. Ibid., 358.

213. "Definindo-o pela sua relação com o *élan* vital, nós admitimos implicitamente que o verdadeiro misticismo era raro" (Ibid., 225).

214. "Aos nossos olhos, o ponto de chegada do misticismo é uma tomada de contato, e por consequência uma coincidência parcial com o esforço criador que manifesta a vida" (Ibid., 233).

215. "[...] pois o amor que o consome não é mais simplesmente o amor de um homem por Deus, é o amor de Deus por todos os homens. Através de Deus, por Deus, ele ama toda a humanidade com um divino amor" (Id., *Les deux sources de la morale et de la religion*, 247).

que a considera, não apenas a explicação da fonte de toda moralidade como também o segredo da criação, o sentido da evolução:

> [...] bem diferente é o amor místico da humanidade [...]. Coincidindo com o amor de Deus por sua obra [...], ele entregaria o segredo da criação àquele que soubesse interrogá-lo. Ele é de essência metafísica ainda mais que moral. [...] Sua direção é a mesma do *elã* da vida; ele é esse *elã* mesmo, comunicado integralmente aos homens privilegiados[216].

A evolução seria vista, pois, como um esforço de liberação que se realiza no homem, sendo a alegria o sinal de que a energia espiritual que evolui encontrou sua destinação[217]. Distinta do prazer, trata-se da alegria presente em toda criação, cujo apogeu é a ação generosa das almas místicas, por onde atravessa sem obstáculos o *elã vital* sob a forma de amor.

Mas se aceitarmos, como de fato aceitamos, que o desvelamento do sentido da criação como amor equivale à necessidade de expansão desse sentido, ou seja, se aceitarmos que a verdade transforma o sujeito a quem se doa, que o acesso à verdade ou ao sentido da criação equivale a uma transformação que leva à ação generosa, então não haveria entre intuição filosófica e intuição mística antes ruptura do que continuidade? Seríamos, pois, obrigados a rejeitar a hipótese da continuidade entre ambas? Ou ganharíamos mais se concebêssemos a filosofia também como um "cuidado de si" que prepararia o homem para a "abertura" plena da moral, restabelecendo assim o vínculo perdido entre filosofia e espiritualidade?

---

216. Ibid., 248-249.

217. "Os filósofos que especularam sobre o significado da vida e sobre o destino do homem não observaram bem que a própria natureza se deu ao trabalho de informar-nos sobre isso: avisa-nos por meio de um sinal preciso que nossa destinação foi alcançada. Esse sinal é a alegria" (Id., in: A *energia espiritual*, 22).

1.4.2. Mística: auxiliar metodológico ou prolongamento último da intuição?

No decorrer dos nossos estudos, deparamo-nos com eminentes comentadores que trouxeram à baila a problemática que ora nos ocupa, qual seja, a tensão entre filosofia e espiritualidade na obra de Bergson, mais especificamente sob a perspectiva da complexa relação que se estabelece entre filosofia e mística. Dentre muitos, alguns autores nos chamaram bastante atenção. Primeiramente Anthony Feneuil, por nos fazer notar que estaria em questão uma reinterpretação da intuição filosófica a partir dos resultados de *As duas fontes*, assim como a consequente redefinição do alcance e limite do próprio conhecimento filosófico.

Segundo Feneuil, o que a intuição mística põe de perturbador para o filósofo é uma lacuna entre o absoluto e sua própria consciência individual, ou seja, se a intuição filosófica era até então a possibilidade de apreensão do absoluto na sua imanência, o místico vem testemunhar uma relação primordial que antecede e constitui a própria duração do eu: a emoção de amor que vem de Deus. O absoluto apareceria então para o filósofo irremediavelmente mediado devido à sua participação na mística[218].

Com a descoberta da duração no *Ensaio*, seguir-se-ia a descoberta do potencial de uma filosofia que pensaria em duração, isto é, que, ciente do fato de que a consciência humana deriva de uma consciência mais larga, desvelaria não apenas os dados imediatos da consciência individual como também o movimento pelo qual a vida teria criado a inteligência e a matéria[219]. O aprofundamento dessa descoberta estaria, porém, em tensão, desde o seu início, pois o potencial do esforço de intuição na resolução de problemas e na

218. Feneuil, Anthony, De l'immédiatement donné au "detour de l'expérience mystique". Remarques sur l'unité de la méthode intuitive chez Bergson, *Philósophos*, Goiânia, v. 17, n. 1 (2012), 31-54, aqui, 49.

219. Ibid., 34-35.

apreensão do absoluto se faria acompanhar desde o início da necessidade de apropriação dos conhecimentos exteriores[220]. Em *As duas fontes*, porém, teria se modificado justamente esse modo de apropriação, pois "esse caminho de si em direção ao outro na filosofia, esta anexação dos dados exteriores só é agora possível por um *desvio*, pelo reconhecimento da primazia – para acessar o imediato por excelência, para acessar a identidade da consciência com o seu princípio – de uma experiência *não filosófica*"[221].

Em um dado momento, e no terreno de determinados problemas em que a filosofia é incapaz de ir sozinha, a intuição mística a substituiria. A intuição filosófica continuaria válida no que diz respeito à duração do eu e até mesmo das coisas, mas seria prolongada ou ultrapassada pela descoberta, através dos místicos, de uma transcendência que ela não pode alcançar. A resposta às questões da origem e do destino do homem já não seriam da alçada da intuição filosófica, mas da intuição mística, passando o filósofo, nesse momento, do plano de uma experiência de fato para uma experiência de direito, do papel de intérprete da própria experiência para o de intérprete de uma experiência que lhe está além. Tudo isso suscitou algumas objeções, como a de Étienne Gilson: "[...] a partir de então, ele [Bergson] precisaria recorrer à experiência dos outros e falar de alguns fatos sobre os quais tinha ouvido falar"[222]. A essa observação fez eco, mais recentemente, Camille de Belloy:

> [...] o filósofo se ocupa pela primeira vez de uma experiência que não é a sua, que ele não fez e que ele não está em condições de co-

---

220. "À medida que a filosofia de Bergson descobre sua potência própria, potência de resolução de problemas e de apreensão do absoluto não apenas do eu, mas do mundo, ela descobre também a necessidade de se apropriar dos conhecimentos que lhe são exteriores. Estes são no *Ensaio* os dados da psicologia empírica, em *Matéria e memória*, a psicopatologia, em *A evolução criadora* [...] os dados da biologia" (Ibid., 35).

221. Ibid., 40-41.

222. Gilson, Étienne, *O filósofo e a teologia*, São Paulo, Paulus, 2018, 169.

nhecer, a despeito do eco, da ressonância de simpatia que ela desperta nele. Não é, portanto, sobre esta experiência que ele vai poder trabalhar. Assim, ao invés de se colocar imediatamente, por uma dilatação do espírito, na coisa que ele estuda, como o queria a *Introdução à metafísica*, o filósofo será obrigado a permanecer no exterior e olhar seu objeto, o misticismo, como espectador[223].

Para Camille de Belloy, o que está em questão, ao se levar em conta *As duas fontes da moral e da religião*, é a unidade e o sentido do pensamento de Bergson. Em artigo intitulado *Bergsonisme et christianisme. Les deux sources de la morale et de la religion au jugement des catholiques*, Belloy faz notar que Bergson não se debruçou sobre o cristianismo na sua última obra como sobre um objeto que teria tentado delimitar através de um método já definido, mas a mística cristã, com o seu vasto conjunto experimental, seria, ela própria, um método[224]. Bergson não teria, então, tentado apreender a verdade do cristianismo ao final de sua vida e com a ajuda de sua filosofia já completa, mas, ao contrário, teria encontrado em uma determinada tradição do cristianismo, a tradição mística, a possibilidade de aprofundar e talvez até mesmo de completar a sua própria filosofia.

Além dos autores já citados, consideramos também a interpretação de Henri Gouhier, para quem a intuição mística seria, "supremamente dilatada, a intuição da duração experimentada em seus diversos níveis na filosofia da natureza"[225]; e de Jean-Christophe Goddard, para quem é a "franja de intuição ou a unidade virtual de instinto e inteligência o que o místico fixa, intensifica e sobre-

223. Belloy, Camille de, Le philosophe et la théologie, in: Waterlot, Ghislain (org.), *Bergson et la religion. Nouvelles perspectives sur Les deux sources de la morale et de la religion*, Paris, PUF, 2008, 310.

224. Id., Bergsonisme et christianisme. Les deux sources de la morale et de la religion au jugement des catholiques, *Revue des sciences philosophiques et théologiques*, v. 85, n. 4 (2001) 641-667, aqui, 665.

225. Gouhier, *Bergson et le christ des évangiles*, 108.

tudo completa em ação"[226]. Na interpretação desses autores, a intuição mística seria, portanto, o último nível da intuição filosófica, a plenitude da experiência outrora empreendida no âmbito da psicologia e da filosofia da natureza.

O problema, vimos, é que essa complementaridade entre intuição filosófica e intuição mística acarretaria a objeção de que o último grau da intuição bergsoniana dar-se-ia fora da filosofia, em uma experiência para a qual o filósofo não está apto. Nesse contexto, porém, importa relembrar que a proposta de Bergson é a ênfase na concessão de um valor filosófico à experiência mística a partir da sua agregação, como outra "linha de fato", aos dados biológicos já considerados em A *evolução criadora*. Não se trata, para Bergson, de deixar a experiência mística por ela mesma, mas de utilizá-la como uma linha auxiliar de pesquisa que conduz o filósofo em direção à verdade[227]. Nessa perspectiva, a instrumentalização metódica da experiência mística, e não a experiência mesma, seria o objetivo da filosofia:

> [...] A filosofia, com seus únicos recursos, quer dizer, com a experiência ajudada pelo raciocínio, não me parece poder ir mais longe, tão longe quanto o teólogo que se baseia na revelação e se endereça à fé. Entre a filosofia e a teologia há necessariamente, por esta razão, um intervalo. Mas me parece que eu reduzi esse intervalo introduzindo na filosofia, como método filosófico, a mística que até então tinha sido excluída[228].

226. Goddard, Jean-Christophe, Fonction fabulatrice et faculté visionnaire. Le spectre de l'élan vital dans Les deux sources, in: Waterlot, Ghislain (org.), *Bergson et la religion. Nouvelles perspectives sur Les deux sources de la morale et de la religion*, Paris, PUF, 2008, 106.

227. Bergson, *Les deux sources de la morale et de la religion*, 263.

228. Id., Extrait d'une lettre a Blaise Romeyer, apud Dossiê crítico de *Les deux sources*, 623.

> Se eu trago, nessas páginas, algo de novo, é isto: eu tento introduzir a mística na filosofia como procedimento de pesquisa filosófica[229].

Todos os intérpretes acima referidos sugerem a importância incontornável do estudo da última obra de Bergson para compreensão integral da sua filosofia, ressaltando sempre o aspecto metodológico de seu pensamento. Em acordo com isso, optamos por ler *As duas fontes* com a confiança de que ali se encontra não um filósofo que se contradiz nos aspectos mais elementares da aplicação de um método pelo qual primou durante toda a vida, mas que, pelo contrário, resulta ali a culminância de um método aplicado à perfeição e que, renovado pelo seu próprio êxito, lança nova luz à totalidade da obra. Compreender o *status* concedido por Bergson à experiência ou intuição mística é compreender também o que ele pensa acerca das potencialidades e limites da própria filosofia. Acreditamos ser possível interpretar a intuição mística, a partir de Bergson, tanto como prolongamento último da intuição da duração quanto como o "auxiliar" do método de pesquisa filosófico[230].

Haveria, no nosso entender, uma dupla apropriação, por parte de Bergson, da intuição mística, podendo essa duplicidade ser remetida à oscilação do sentido de intuição na sua obra, tomada ora como uma experiência imediata da vida interior, ora como um método mediado pela crítica, pelos dados da ciência, pela junção das chamadas "linhas de fato" e pelas "diferenciações de natureza".

---

229. Bergson apud Waterlot, Ghislain, L'ellipse, Une difficulté majeure du troisième chapitre des Deux Sources, in: Riquier, Camille; Worms, Frédéric, *Lire Bergson*, Paris, Presses Universitaires de France, 2011, 188.

230. "Il suffirait de prendre le mysticisme à l'état pur, dégagé des visions, des allégories, des formules théologiques par lesquelles il s'exprime, pour en faire un auxiliaire puissant de la recherche philosophique" (Bergson, *Les deux sources de la morale et de la religion*, 266).

De acordo com isso, a experiência mística seria o momento mais elevado da filosofia, quando a intuição filosófica fosse considerada um esforço de introspecção, e seria um mero "auxiliar" da filosofia, quando a intuição filosófica fosse considerada um método de pesquisa. No primeiro caso, a filosofia desembocaria em um saber não teórico e profundamente transformador, a tal ponto que impelisse à ação, mais especificamente à ação amorosa e caritativa. O *elã místico* seria uma intensificação, no indivíduo, do *elã vital*; porém, essa intensificação corresponderia a uma ruptura ilustrada na distância que separa o filósofo do santo ou do verdadeiro místico. O último grau da intuição bergsoniana dar-se-ia fora da filosofia, fato passível de ser interpretado como a aceitação, por parte de Bergson, de uma limitação que lhe seja intrínseca, não apenas enquanto tentativa de expressão conceitual (limitação a que chama atenção em toda a sua obra) como também enquanto tentativa de apreensão do absoluto. No segundo caso, a suposta falência da filosofia seria mitigada, na medida em que o procedimento que lhe compete seria propriamente metódico. A filosofia, ao final, estaria limitada a um conhecimento teórico e exprimível, porém indireto, mediado e possivelmente pouco transformador. Em um caso, teríamos a intuição como um tipo experiência cuja completude ultrapassaria paradoxalmente o esforço filosófico. No outro caso, teríamos a intuição como esforço intelectual, cuja completude se daria internamente, dentro dos limites próprios da filosofia. A concessão de privilégio a uma dada perspectiva de significação da intuição (enquanto experiência psicológica ou método de pesquisa) se refletiria, portanto, na interpretação da experiência mística e consequentemente no sentido concedido à atividade filosófica. De nossa parte, afirmamos a dupla perspectiva da intuição bergsoniana: tanto a dimensão metodológica quanto a dimensão da experiência psicológica, pois, como bem coloca Jean-Louis Vieillard-Baron, "a filosofia não é somente um trabalho de reflexão puramente intelectual, embora também não seja unicamente um trabalho sobre si mesmo"[231].

1.4.3. O termo "mística" e o fato místico

Antes de continuarmos com o estudo da concepção bergsoniana de mística, tentaremos resgatar em breves linhas o significado original desse termo, o que se faz necessário por estarmos lidando aqui com uma palavra que sofreu um esvaziamento e uma deterioração que manifesta "uma inversão semântica profunda da ordem que deve reinar em nossa atividade psíquica e espiritual"[232]. Faremos esse prévio e breve esclarecimento conceitual apoiando-nos no livro de Henrique C. de Lima Vaz, intitulado *Experiência mística e filosofia na tradição ocidental*. Em seguida, introduziremos alguns elementos importantes para a compreensão da interpretação bergsoniana do fato místico, interpretação essa que, segundo Vaz, soube ver a autêntica experiência mística na qual se exprime "a alma profunda de uma civilização"[233].

Lima Vaz informa-nos, pois, que a experiência mística está situada no interior da constelação semântica místico-mística-mistério:

> O *místico* é o sujeito da experiência, o *mistério* seu objeto, a *mística*, a reflexão sobre a relação místico-mistério. A derivação etimológica desses termos vem de *myein* (fechar os lábios ou os olhos), donde, por uma transposição metafórica, "iniciar-se", do qual deriva o complexo vocabular: *mýstes*, iniciado, *mystikós*, o que diz respeito à inicia-

231. Vieillard-Baron, Jean-Louis, Continuité et discontinuité de l'oeuvre de Bergson, in: Worms, Fréderic (ed.), *Annales Bergsoniennes I*: Bergson dans le siècle, Paris, PUF, 2002, 284.

232. Vaz, Henrique C. de Lima, *Experiência mística e filosofia na tradição ocidental*, São Paulo, Loyola, 2000, 10.

233. Ibid., 14.

ção, *tà mystiká*, os ritos de iniciação. Essa terminologia vem do culto grego dos mistérios[234].

Embora o termo "místico" tenha sofrido, como já foi dito, uma redução e/ou uma inversão semântica, passando a ser considerado uma espécie de obnubilação provocada por paixão e fanatismo, é preciso esclarecer que

> o sentido original, e que vigorou por longo tempo, do termo *mística* e de seus derivados diz respeito a uma forma superior de experiência, de natureza religiosa, ou religioso-filosófica (Plotino), que se desenrola normalmente num plano transracional – não aquém, mas além da razão – mas, por outro lado, mobiliza as mais poderosas energias psíquicas do indivíduo. Orientadas pela intencionalidade própria dessa original experiência que aponta para uma realidade transcendente, essas energias elevam o ser humano às mais altas formas de conhecimento e de amor que lhe é dado alcançar nessa vida[235].

O interesse de Lima Vaz é apresentar uma visão do homem, uma concepção antropológica que consiga dar conta do fato místico; é apresentar uma estrutura conceitual que possibilite a compreensão do fenômeno místico na sua singularidade, resistindo com isso aos reducionismos cientificistas ou às interpretações que se baseiam de antemão em uma dada corrente filosófica sem explicitá-la[236]. Nessa antropologia da experiência mística proposta por Vaz, a estrutura do ser humano capaz de dar conta do fenômeno em questão não pode prescindir do "espírito como nível ontológico mais elevado entre os níveis estruturais do ser humano"[237] e de uma

---

234. Ibid., 18.
235. Ibid., 10.
236. Ibid., 30.
237. Ibid., 20.

dialética *interior-exterior* e *inferior-superior* como constitutiva do *espírito-no-mundo*, e que se articula segundo a figura de um quiasmo, ou seja, em que o *interior* é permutável com o *superior* e o *exterior* é permutável com o *inferior*. Vale dizer: o mais íntimo de nós mesmos é o nível ontológico mais elevado do nosso espírito, e é no fundo dessa imanência (*interior íntimo*) que o absoluto se manifesta como absoluta transcendência (*superior summo*). Aí pode ter lugar a experiência mística[238].

Esse horizonte de significação capaz de interpretar legitimamente a experiência mística teria sido, no entanto, perdido a partir da revolução antropocêntrica da filosofia moderna:

> A revolução antropocêntrica da filosofia moderna, invertendo na direção do próprio sujeito o vetor ontológico do espírito, trouxe consigo a dissolução da *inteligência espiritual*, provocando, em consequência, o desaparecimento, no campo da conceitualidade filosófica, do espaço inteligível no qual contemplação metafísica e contemplação mística podem encontrar, do ponto de vista antropológico, os princípios da sua explicação[239].

Para Lima Vaz, a despeito dos esforços de Bergson "para estabelecer o alcance heurístico dessa experiência na interpretação filosófica da moral e da religião"[240], a filosofia não foi capaz de oferecer o quadro antropológico necessário à compreensão do místico.

Sustentamos, ao contrário, que a concepção de homem que se depreende da filosofia de Bergson é totalmente compatível com a existência do místico. Como exposto em *A evolução criadora*, uma experiência como a dos místicos foi praticamente exigida pela inter-

238. Ibid..
239. Ibid., 21.
240. Ibid.

pretação dos fatos. No entanto, a filosofia bergsoniana está distante do racionalismo e do hegelianismo ao qual se vincula Lima Vaz. Talvez por isso o autor não tenha encontrado no filósofo francês a antropologia que buscava.

1.4.4. Efusão, emoção e entusiasmo

Mais adiante veremos que, para Bergson, o misticismo só se completa no cristianismo (mais especificamente no próprio Cristo), porque é nele que a contemplação é superada pela ação caritativa advinda do amor de Deus, que se manifesta como amor à humanidade inteira. Comparemos agora essa perspectiva com a apresentação feita por Lima Vaz das formas da experiência mística na tradição ocidental e veremos uma semelhança interpretativa, na medida em que a dita mística especulativa e a mística mistérica seriam supra-assumidas pela mística profética, que seria, por sua vez, a forma mais original da mística cristã:

> Assim como a mística especulativa é uma mística do *conhecimento* – saber e contemplação, *gnosis* e *theoría* – e a mística mistérica é uma mística da *vida* – assimilação e divinização, *homoíosis* e *theíosis* –, a mística profética é uma mística da *audição da palavra* – fé e caridade, *pístis* e *agape* – ou seja, é uma mística que floresce no terreno da palavra de Deus, ouvida e obedecida (Rm 10,17-18), que cresce até alcançar o caminho mais perfeito (*hyperbolén hodón,* 1Cor 12,37), que dá realidade e consistência a todos os outros caminhos: o caminho da *agape* (1Cor 13,2-3). Nesse sentido, a mística profética é a forma original da mística cristã[241].

O conceito de mística profética procede da Bíblia, mais particularmente do Novo Testamento[242]. O dom místico que dá conti-

241. Ibid., 69.
242. Ibid., 70.

nuidade ao profetismo do homem bíblico seria, pois, a efusão da plenitude originária da experiência profética, na qual se depositara a palavra revelada[243]. Fruto da fé na ação transformadora da palavra[244], a mística profética seria "uma forma de mística que nasce e cresce em solo cristão, cujas raízes estão no Novo Testamento, mas cujas sementes podem ser encontradas já no Antigo Testamento"[245]. Da fé refratada em "conceitos e fórmulas-dogmas, símbolos, catequese, teologia discursiva"[246], passa-se, pela graça da contemplação, ao "claro-obscuro de um conhecimento intuitivo e fruitivo de Deus como Verdade primeira"[247]. É a iluminação nos seus diversos graus que culmina na união e se consuma na caridade:

> A *união*, por sua vez, consuma-se na ordem do amor e é o fruto mais sazonado da virtude teologal da *caridade*. [...] De São Gregório de Nissa a Santa Teresa de Ávila e São João da Cruz, e aos místicos do século XVII, a literatura mística escreve sua página central com a descrição da união divina. Nela verifica-se propriamente a situação singular do místico caracterizada pelo Pseudo-Dionísio: *non solum discens sed et patiens divina*. Daqui a designação tradicional da *união* como *união teopática*. Na união teopática, o conhecimento e o amor estão presentes segundo uma forma absolutamente singular que transcende o exercício normal dessas atividades[248].

243. Ibid., 71.

244. "A palavra [...] é a Palavra revelada na *historia salutis*: em primeiro lugar, cronologicamente, a que foi comunicada aos patriarcas e profetas; e, na plenitude dos tempos (*tò plérôma tou chrónou*, Gl 4,4), a Palavra substancial que se fez carne e morou no meio de nós (Jo 1,14). É sobre o fundamento dessa Palavra feita história que a Palavra interior é recebida no nosso espírito, acompanhando as vicissitudes do caminho para a contemplação, em virtude da graça da iluminação interior e do assentimento da fé (Jo 6,44)" (Ibid., 75).

245. Ibid., 72.

246. Ibid., 87.

247. Ibid.

248. Ibid., 89.

É no espaço espiritual da contemplação que se dá a *efusão*, isto é, o transbordamento em princípio de ação da plenitude advinda da união divina, o "fluir na ação da verdade contemplada na iluminação e dos bens vividos na união"[249]. Insere-se, assim, no centro das questões acerca da mística cristã, o problema da relação entre ação e contemplação, herdado da tradição grega:

> Com efeito, a contemplação cristã, obedecendo ao critério da primazia do amor de Deus e do próximo, é animada por um movimento de *efusão* que parte do seu núcleo mais profundo – a *união* com Deus consumada no conhecimento e no amor – para prolongar-se em *ação* ou, em concreto, no *serviço* do próximo. [...] Sendo, pois, uma herança da tradição grega, o problema da relação entre contemplação e ação sofre, ao ser transposto para a teologia cristã, uma profunda e mesmo radical mudança em seus dados e em suas perspectivas, vindo a tornar-se uma marca original da contemplação cristã. Essa originalidade manifesta-se em duas características fundamentais: a) primeiramente, a ação flui, por necessidade intrínseca, da própria natureza da contemplação; b) [...] Sendo a *efusão* uma dimensão constitutiva da contemplação cristã, esta pode ser pensada igualmente como "contemplação na ação", concepção paradoxal em face do lugar comum que opõe contemplação e ação[250].

Pensemos agora, em linguagem bergsoniana, essa dimensão constitutiva da mística cristã: a efusão ou ação na contemplação de que fala Vaz é a emoção e o entusiasmo de que fala Bergson. O entusiasmo é o sentimento que envolve o místico e o impele à ação; é o efeito sobre o indivíduo da profunda emoção de contato e união com Deus. Bergson estabelece uma analogia entre o "sublime amor que é para o místico a essência mesma de Deus"[251] e a indivisível

249. Ibid., 90.
250. Ibid., 91-92.
251. Bergson, *Les deux sources de la morale et de la religion*, 268.

emoção supraintelectual da intuição artística, mais propriamente a intuição que inspira o músico, mas que também pode ser a da criação literária na qual o filósofo deverá pensar se quiser compreender "como o amor em que os místicos veem a própria essência da divindade pode ser, ao mesmo tempo que uma pessoa, uma potência de criação"[252].

É, pois, comparando-o com o seu próprio estado de alma quando compõe – pressupondo-se aqui, ao que parece, um filósofo-artista – que o filósofo poderá compreender como pode a pessoa ser emoção criadora e como pode ser energia criadora o amor no qual o místico vê o próprio Deus. Feito isso, "a criação aparecer-lhe-á como um empreendimento de Deus para criar criadores, para acompanhar-se de seres dignos de seu amor"[253].

É possível depreender uma teoria bergsoniana da pessoa a partir do estudo do *Ensaio sobre os dados imediatos da consciência*, dos cursos de Bergson no *Collège de France*, e também de uma série de conferências. Em *As duas fontes da moral e da religião*, entretanto, essa teoria é mobilizada a fim de esclarecer como o amor de Deus pode ser Deus mesmo e como a definição de Deus como amor pode justamente possibilitar que se pense um Deus pessoal sem que se caia em um "grosseiro antropomorfismo". Haveria, assim, segundo a interessante tese de Anthony Feneuil, uma evolução da compreensão da pessoa no texto de *As duas fontes*, e essa evolução se daria no sentido do esboço de uma teoria da emoção mais abrangente[254].

No *Ensaio*, a emoção é o dado imediato da consciência, anterior à consciência reflexiva que distingue um dos outros os sentimentos que formam uma multiplicidade indivisível e indiscernível. Em *As duas fontes*, Bergson distinguirá dois tipos de emoções: uma

---

252. Ibid., 270.

253. Ibid.

254. Cf. Feneuil, Anthony, *Bergson. Mystique et philosophie*, Paris, Presses Universitaires de France, 2011.

emoção infraintelectual, que sucede a representação intelectual, e uma emoção supraintelectual, que a contém virtualmente.

Essa emoção supraintelectual ou emoção profunda não apenas dilata a personalidade como também a unifica e intensifica, concentrando-a até à ação, que dela se desprende como um fruto maduro. Na união mística, a individualidade do místico não será absorvida no êxtase, mas intensificada, e a ela será lançado um apelo que tomará a forma de entusiasmo, que resultará em ação. Como a emoção na qual o místico está mergulhado é o amor de Deus, que é Deus ele mesmo, instaura-se uma relação de reciprocidade entre a humanidade e Deus: Deus é amor e é objeto de amor. Ele necessita dos homens para amá-los. A definição de Deus como amor implica, pois, a necessidade da criação, a criação de seres dignos do amor de Deus. É como homem que o místico conhece Deus, mas é como homem já transfigurado por esse amor e já impelido a amar a Deus, amando-o na humanidade inteira.

O misticismo forneceria, pois, aos filósofos "um meio de abordarmos de certo modo experimentalmente o problema da existência e da natureza de Deus"[255]. A religião, de fato, apresenta à filosofia um problema de Deus que suscita questões completamente diferentes daquelas cuja tentativa de solução levaram Aristóteles a postular o princípio do motor imóvel com o qual a metafísica tem se ocupado há séculos.

Para levar adiante, porém, as reflexões metafísicas com a ajuda da mística, faz-se necessário atestar a legitimidade desse tipo de experiência refutando algumas argumentações como a atribuição de um caráter patológico a todo e qualquer místico (aspecto que abordaremos no capítulo seguinte), além da objeção que diz respeito ao caráter excepcional, raro e individual ou subjetivo de tais experiências, o que as tornaria inúteis para a resolução de problemas gerais da metafísica.

---

255. Bergson, *Les deux sources de la morale et de la religion*, 255.

Em relação a esse segundo aspecto, Bergson alega que não se deixou de dar crédito ao relato de alguns antigos navegadores por terem as suas viagens sido experiências únicas. Ele compara o místico a tais viajantes: "Nos tempos em que a África central era terra incógnita, a geografia reportava-se à descrição de um explorador singular, se este oferecesse garantias suficientes de honestidade e de competência. [...] O místico, também ele, fez uma viagem que outros podem refazer de direito, senão de fato"[256]. Além disso, continua Bergson, embora seja de fato excepcional que se chegue ao termo da via mística, não é tão raro encontrar indivíduos que tenham efetuado uma parte do trajeto ou que sintam ecoar em si aquela experiência por simpatia. De fato, há também aqueles para os quais tal experiência nada diz e que por isso lhe lançam "protestos indignados", mas "conhecemos também pessoas para as quais a música não passa de um ruído; e algumas de entre elas exprimem-se com a mesma cólera, com o mesmo tom de rancor pessoal, a respeito dos músicos. Daí ninguém tirará argumentos contra a música"[257]. O acordo dos místicos entre si também depõe a favor da legitimidade dessa experiência e, mais do que isso, aponta para uma "identidade de intuição que se explicaria da maneira mais simples pela existência real do ser com o qual se creem em comunicação"[258].

256. Ibid., 260.
257. Ibid., 261.
258. Ibid., 262.

Capítulo II

MÍSTICA, MORAL E POLÍTICA

2.1. Dois limites extremos: do finito ao indefinido; do fechado ao aberto

2.1.1. A sociedade e o indivíduo: a obrigação moral

No primeiro capítulo de *As duas fontes da moral e da religião*, a obrigação aparece como um fator da moralidade para o qual é buscada uma origem. Em uma nota a propósito da leitura da obra crítica de Alfred Loisy sobre *As duas fontes*[1], Bergson afirma que "o problema moral por excelência é explicar a obrigação" e que, não obstante, nenhum filósofo antes dele se ocupara em explicar sua gênese, tomando-a sempre como um dado do qual deduziram a moral. Bergson, por sua vez, pretende ter mostrado o porquê e o como da obrigação moral:

> A propósito desta obrigação, eu tentei mostrar que os filósofos jamais chegaram a explicá-la, a engendrá-la, porque, sem se apercebe-

1. Bergson, Henri, Une mise au point de Bergson sur les deux sources, in: Worms, *Annales bergsoniennes I*, Paris, PUF, 2002, 133.

rem, eles a tinham como dada de início. Ela está lá, e a partir de então eles podem deduzir a moral de um móbil qualquer, tomado ao acaso. Mas nenhuma de suas deduções explica a obrigação. Eu digo que ela está lá, com efeito. Mas eu mostro porque, como etc.[2]

A sociedade, afirma Bergson, assemelha-se a um organismo e os membros da cidade conjugam-se como se conjugam as células, sendo a solidariedade advinda dos hábitos forjados à custa de disciplina o cimento a unir esses membros[3]. A solidez do indivíduo (superficial, mas necessária) encontra-se no seu entrelaçamento social, na solidariedade que o une aos outros homens:

> Cada um de nós pertence à sociedade tanto quanto a si mesmo. Se a consciência, trabalhando em profundidade, lhe revela, na medida em que mergulha, uma personalidade mais e mais original, incomensurável com os outros e de resto inexprimível, pela superfície de nós mesmos nós estamos em continuidade com as outras pessoas, parecida com elas, unidas a elas por uma disciplina que criou entre elas e nós uma dependência recíproca. [...] É à superfície, no seu ponto de inserção no tecido de outras personalidades exteriorizadas, que o nosso eu encontra normalmente onde se fincar: sua solidez está nessa solidariedade. Mas, no ponto onde ele se fixa, ele mesmo é um eu socializado. A obrigação, que nós nos representamos como uma ligação entre os homens, liga, de início, cada um de nós a si mesmo[4].

A sociedade simultaneamente constrange e impulsiona o indivíduo porque faz dele um dos pilares de sua coesão e requer dele a

2. Ibid.

3. "Les membres de la cité se tiennent comme les cellules d'un organisme. L'habitude, servie par l'intelligence et l'imagination, introduit parmi eux une discipline qui imite de loin, par la solidarité qu'elle établit entre les individualités distinctes, l'unité d'un organisme aux cellules anastomosées" (Bergson, *Les deux sources*, 6).

4. Ibid., 8.

energia de ação para renovar a si mesma[5]. Arrebatando o indivíduo do seu isolamento, faz dele o ator, mesmo que inconsciente, da produção social e histórica da humanidade, com suas transformações, com suas conquistas, com seus erros e com seus acertos. Mesmo solitário, o homem se socializa na medida em que sua linguagem, sua cultura, sua vestimenta, seu ambiente e os objetos que utiliza estão impregnados de construções históricas, de ações sociais, de valores e de simbolismos:

> Sua memória e sua imaginação vivem daquilo que a sociedade colocou nelas, pois a alma da sociedade é imanente à linguagem que fala e, mesmo que não haja ninguém lá, mesmo que só se faça pensar, ele se comunica consigo mesmo. Em vão tenta-se representar um indivíduo isolado de toda vida social. Mesmo materialmente, Robinson em sua ilha permanece em contato com os outros homens, pois os objetos fabricados que ele salvou do naufrágio e sem os quais não se arranjaria, o mantêm na civilização e, por consequência, na sociedade[6].

Assim como tendemos naturalmente à sociedade, também a sociedade nos oferece meios para formatar o nosso eu social. Os parâmetros sociais introjetados têm o papel crucial de propiciar um sentimento de obrigação em relação ao nosso próprio eu. A sociedade encontra respaldo nas nossas propensões internas, havendo, portanto, uma confluência entre as exigências de sociabili-

---

5. "Cultiver ce 'moi social' est l'essentiel de notre obligation vis-à-vis de la société. Sans quelque chose d'elle en nous, elle n'aurait sur nous aucune prise; et nous avons à peine besoin d'aller jusqu'à elle, nous nous suffisons à nous-mêmes, si nous la trouvons présente en nous. Sa presence est plus ou moins marquée selon les hommes; mais aucun de nous ne saurait s'isoler d'elle absolument. Il ne le voudrait pas, parce qu'il sent bien que la plus grande partie de sa force vient d'elle, et qu'il doit aux exigences sans cesse renouvelées de la vie sociale cette tension ininterrompue de son énergie, cette constance de direction dans l'effort, qui assure à son activité le plus haut rendement" (Ibid., 8).

6. Ibid., 9.

dade e a nossa própria tendência à socialização. O indivíduo não apenas constata a sua ligação social; ele também permite essa ligação, doando-se sistematicamente ao esforço coletivo de construção, de inovação.

Cada indivíduo, ao consagrar-se ao próprio trabalho e à própria família, fortalece uma engrenagem maior do que aquela que o cerca mais intimamente. Produzindo o que lhe compete e dando o melhor de si, contribui para algo que o ultrapassa, a sociedade, dela tirando proveito na mesma medida em que a mantém. A adesão do indivíduo à sociedade se dá de forma mais ou menos elementar: inicialmente na família, posteriormente na escola, no trabalho, no âmbito político etc. Em cada um desses campos de atuação, o indivíduo acostuma-se a solicitar de si mesmo a constância nas suas obrigações, que imperceptivelmente o vinculam a uma esfera de relações maiores. A coesão social dependerá em grande parte da boa inserção de cada indivíduo na esfera de atuação que lhe é própria:

> Em tempos comuns, agimos em conformidade com nossas obrigações mais do que pensamos nelas. [...] O hábito é suficiente e geralmente basta que nos deixemos ir para dar à sociedade aquilo que ela espera de nós. Aliás, ela facilitou singularmente as coisas intercalando intermediários entre nós e ela: nós temos uma família, exercemos um ofício ou uma profissão; pertencemos à nossa comunidade, ao nosso quarteirão, ao nosso departamento; e lá, onde a inserção do grupo na sociedade é perfeita, basta-nos, a rigor, preenchermos nossas obrigações para com o grupo para estarmos quites com a sociedade[7].

Além de um programa já traçado pela sociedade[8] e que nos esforçamos mais ou menos para seguir, cada um de nós constrói

---

7. Ibid., 12.

8. "C'est la société qui trace à l'individu le programme de son existence quotidienne. On ne peut vivre en famille, exercer sa profession, vaquer aux mille

ainda uma espécie de juiz interno que nos afiança a legitimidade e a correção de nossas ações e o seu grau de aceitação perante a sociedade. Kant costumava pregar que o dever moral atua sobre o indivíduo como um imperativo. Pois bem, tal imperativo, ou a obrigação que dele emana, torna possível a coexistência entre os homens e a manutenção da sociedade[9], induzindo o indivíduo à aceitação das estruturas culturais e dos valores morais já enraizados no meio em que se vive.

A obrigação moral confunde-se, dessa maneira, com a exigência social. Mas, apesar da tendência natural de constituição de um eu social, há também tendências egoístas e separatistas, afinal, somos indivíduos inteligentes e livres. A vida, então, desenvolve tendências para coibir essas tendências; é a força social, atuando como o *todo da obrigação*, que restringe tais tendências dissidentes:

> Se o desejo e a paixão tomam a palavra, se a tentação é forte, se estamos prestes a tombar, se imediatamente nos recompomos, onde está então a mola? Afirma-se uma força a que chamamos "o todo da obrigação": extrato concentrado, quintessência de mil hábitos especiais que contraímos de obedecer às mil exigências particulares da vida social. Uma tal força não é isto ou aquilo; e se falasse, quando prefere agir, diria: "tem que ser porque tem quer ser"[10].

A tendência social, que é vital, nos coage quando há resistência em aderir à sociedade. Dessa forma, mesmo enquanto in-

---

soins de la vie journalière, faire ses emplettes, se promener dans la rue ou même rester chez soi, sans obéir à des prescriptions et se plier à des obligations. Un choix s'impose à tout instant; nous optons naturellement pour ce qui est conforme à la regle. C'est à peine si nous en avons conscience; nous ne faisons aucun effort. Une route a été tracée par la société; nous la trouvons ouverte devant nous et nous la suivons" (Ibid., 12-13).

9. "L'obeissance de tous à des règles, même absurdes, assure à la société une cohésion plus grande" (Ibid., 18).

10. Ibid., 17.

divíduos livres, estamos submetidos à necessidade. O pendor à sociedade e à obediência é, portanto, uma contrapartida da vida ante as possibilidades deletérias da inteligência, quando esta, utilizando-se da margem de liberdade que lhe é própria, poderia decidir por um egoísmo dissolvente. A vida então cuida – através da tendência à sociedade, à obediência, à moralidade – de contornar essa espécie de efeito colateral da inteligência, que é o egoísmo inato.

Por meio dos hábitos e comportamentos regulares, as vontades potencialmente transgressivas são limitadas e a vida social surge como um efeito desse conjunto de hábitos que se atualizam pelas vias psicológicas, em consonância com as diretrizes culturais. Trata-se do sentimento de dever, o qual não emana da razão, mas da confluência entre o esforço externo de socialização e a nossa tendência inata a nos socializarmos. A genealogia da moral – neste caso a moral fechada – é a coerção que o todo da obrigação exerce sobre nós, fazendo com que a necessidade de estabelecer regras se apresente não como algo acidental, mas sim como uma necessidade de sobreviver e perseverar, sendo a vida social o efeito de um conjunto de hábitos fundamentais para coesão e organicidade das vontades. A tendência que temos a agir de acordo com os preceitos morais antecede a aplicação da razão, que apenas elabora uma forma cujo conteúdo é uma força:

> Para resistirmos à resistência, para nos mantermos no caminho certo quando o desejo, a paixão ou o interesse nos afastam dele, teremos necessariamente de nos darmos razões a nós mesmos. Mesmo que tenhamos oposto ao desejo ilícito outro desejo, este, suscitado pela vontade, só terá podido surgir pelo apelo de uma ideia. Em suma, um ser inteligente age sobre si mesmo por intermédio da inteligência. Mas do fato de que é por vias racionais que chegamos à obrigação não se segue que a obrigação seja de ordem racional [...]. Uma coisa é uma tendência, natural ou adquirida, outra coisa o mé-

todo necessariamente racional que um ser racional empregará para lhe conferir a sua força e para combater o que a ela se opõe[11].

A vida social constitui-se, assim, de um conjunto de hábitos que, exercendo pressão sobre a nossa vontade em resposta às necessidades da comunidade, desempenha papel parecido com o da necessidade nas obras da natureza. Tomando por incontestável o fato, já desenvolvido em *A evolução criadora*, de que a evolução da vida, nas suas duas linhas principais[12] se cumpriu na direção da vida social a partir da dissociação entre inteligência e instinto, Bergson recupera uma linha de argumentação vitalista que havia estabelecido o caráter biológico do fato da obrigação moral.

A constatação da sociabilidade como uma tendência exitosa das duas grandes linhas da evolução animal tornara possível a analogia entre a sociedade humana e a sociedade animal[13], o que, em última análise, leva à afirmação do caráter originariamente biológico da obrigação (não uma obrigação qualquer ou uma obrigação específica, mas o todo da obrigação), que se impõe com uma quase

11. Ibid., 15-16.

12. Ou seja, nas duas grandes linhas da evolução animal que se deram nos artrópodes e nos vertebrados, em cujos termos estão os insetos himenópteros e o homem. "La correspondance entre l'instinct social des hyménoptères et les sociétés humaines est une de mes constatations fondamentales. [...] La première base de l'obligation est donc biologique, et non pas sociologique (au sens de Durkheim)" (apud Belloy, in: Bergson, Une mise au point de Bergson sur les Deux Sources, 134-133).

13. "Humana ou animal, uma sociedade é uma organização; ela implica uma coordenação e geralmente também uma subordinação de elementos uns aos outros. Ela oferece, portanto, ou simplesmente vivido ou também representados um conjunto de regras ou de leis. Mas, numa colmeia ou num formigueiro, o indivíduo é fixado na sua atividade pela sua estrutura, e a organização é relativamente invariável, enquanto a cidade humana é de forma variável aberta a todos os progressos. O resultado é que, nas primeiras, cada regra é imposta pela natureza, é necessária; ao passo que nas outras uma só coisa é natural, a necessidade de uma regra" (Bergson, *Les deux sources*, 22-23).

necessidade, ou seja, através de uma pressão, de uma força, e não meramente de uma regra racional.

A obrigação moral seria, pois, uma espécie de sucedâneo do instinto, não podendo ser remetida apenas à sociedade, porque a própria sociedade não basta a si mesma, mas é uma manifestação, uma determinação da vida. Trata-se de uma necessidade vital incidindo sobre seres inteligentes e não meramente instintivos. A formulação racional e categórica do imperativo apenas estabelece logicamente uma força já de fato existente, sendo útil apenas no sentido de diminuir as hesitações que impediriam a obediência de fluir como um hábito. Entre raros hábitos de comando e comuns hábitos de obediência, a pressão social se exerce sob a forma de sentimento de obrigação.

A organização social foi, portanto, um imperativo imposto pela vida. Os agrupamentos humanos, nesse sentido, não diferem dos agrupamentos dos outros seres vivos. Quem cria a sociedade não é o homem, é a vida. Para Bergson, diferentemente de Durkheim, a sociedade está fundada na natureza e não no mental, no simbólico. Há uma exigência natural de sociabilidade e a ordem social é resultado de uma intenção da vida, de uma tendência natural. Ela é imanente à inteligência, mas não deriva dela. A despeito da latitude de liberdade própria aos seres humanos, há uma tendência natural de inserção na regularidade. Algo que a vida fixou em nós, enquanto indivíduos livres, vai clamar naturalmente pelo *modus vivendi* social; trata-se de uma tendência psicológica natural.

2.1.2. Homem primitivo e sociedades fechadas

Bergson afirma que o homem primitivo subsiste em nós e qualquer atitude eficaz no âmbito moral ou político requer que se o procure, descreva, interrogue, a fim de "descobrir o meio de contornar suas exigências uma a uma ou (o que seria infinitamente melhor) neutralizá-lo subitamente"[14]. O "meio de reforma essencial" é, pois, segundo o filósofo, "uma certa abertura do fechado, uma certa direção que se imprime ao querer para neutralizar o homem fundamental"[15]. A moralidade estritamente fechada pode, pois, ser remetida a um estágio primitivo cuja remodelação pela inteligência favorecerá a coesão social e aumentará a probabilidade de sobrevivência da espécie.

Assim como em cada um de nós há um homem primitivo, há também em nossas sociedades, por baixo de uma "espessa camada de verniz"[16] adquirida em séculos de civilização, um instinto primitivo no fundo da obrigação social. A cultura é o verniz que o encobre e a moral que lhe sustenta é a tinta que lhe dá alguma beleza, mas esse instinto social "por si mesmo não visa a humanidade. É que entre a nação, por grande que seja, e a humanidade há toda a distância que vai do finito ao indefinido, do fechado ao aberto"[17].

Tal qual o animal que se enrosca em seu próprio instinto buscando sobreviver, a humanidade rege-se por meio de deliberações sutis que transferem para o corpo social as exigências de preservação. O social toma então a dimensão do vital, transformando o indivíduo em uma engrenagem dotada de inteligência e confiança cega na atitude perante a lei e a regra, que, de início, não eram outra coisa senão as tentativas da espécie de se ajustar enquanto corpo social.

Esse esquema que aproxima a obrigação da necessidade é tanto mais válido quanto mais simples, primitiva ou elementar for a sociedade humana[18], mas se mantém válido porque também as

---

14. Bergson, Une mise au point de Bergson sur les deux sources, in: Worms, *Annales bergsoniennes I*, 134.

15. Ibid., 134.

16. Bergson, *Les deux sources*, 26.

17. Ibid., 27.

18. "On alléguera de nouveau qu'il s'agit alors de societés humaines très simples, primitives ou tout au moins éleméntaires. Sans aucun doute; mais [...]

nossas sociedades civilizadas são sociedades fechadas[19]. Tanto as sociedades primitivas quanto as sociedades civilizadas são "sociedades humanas", cuja essência é "compreender a cada momento um certo número de indivíduos e excluir outros"[20]. Essa sociedade humana, que já "se encontra no presente realizada"[21], não é a sociedade aberta, baseada nos deveres para com *o homem enquanto homem*, embora seja esse o seu discurso: "Oh, eu sei o que a sociedade diz [...] mas para saber aquilo que ela pensa e aquilo que ela quer não é necessário escutar demais o que ela diz, é necessário olhar aquilo que ela faz"[22].

O homem é a obra maior da natureza, mas, para viver, a humanidade se fecha no círculo das suas representações. A essas sociedades fechadas corresponde o relativismo dos valores, pois o elemento moral próprio dessas sociedades funda-se na autoconservação, o que significa que as sociedades fechadas são naturalmente bélicas, podendo a qualquer momento haver uma identificação entre os valores bélicos e os valores morais, bastando para isso que a sobrevivência dessa sociedade esteja sob ameaça. Esse caráter fechado da sociedade, que se faz notar na possibilidade de modifi-

---

le civilisé diffère surtout du primitif par la masse énorme de connaissances et d'habitudes qu'il a puisées, depuis le premier éveil de sa conscience, dans le milieu social où elles se conservaient. Le naturel est en grande partie recouvert par l'acquis; mais il persiste, à peu près immuable, à travers les siècles [...] il se maintient en fort bon état, très vivant, dans la société la plus civilisée. C'est a lui qu'il faut se reporter, non pas pour rendre compte de telle ou telle obligation sociale, mais pour expliquer ce que nous avons appelé le tout de l'obligation" (Ibid., 24).

19. "Nos sociétés civilisées, si différentes qu'elles soient de la société à laquelle nous étions immédiatement destinés par la nature, présentent d'ailleurs avec elle une ressemblance fondamentale. Ce sont en effet, elles aussi, des sociétés closes" (Ibid., 25).

20. Ibid.

21. "On s'abstient d'affirmer, mais on voudrait laisser croire que la 'société humaine' est dès à present réalisée" (Ibid., 25).

22. Ibid., 26.

cação e relativização dos valores em tempos de guerra[23], só pôde ser trazido à tona porque se fez possível outro ponto de vista totalmente distinto, a partir de outra moral que bem poderia ser chamada de moral completa[24] ou absoluta[25].

2.1.3. Da pressão social ao elã de amor

Uma ruptura radical é operada a partir do advento de uma moral que rompe com a natureza. Abaixo do plano da inteligência está a obrigação moral que, atuando com uma força comparável à do instinto, assegura a coesão e a ordem da sociedade. Acima do plano da inteligência está o apelo sobre-humano lançado às almas heroicas, cuja atuação renova a sociedade e faz nascerem novas ideias. No comum dos homens, a inteligência permanece serva do instinto de conservação individual ou social, enquanto em alguns indivíduos excepcionais[26] ela ultrapassa essa necessidade de sobrevivência ao mergulhar na fonte da potência fundamental que domina a vida. Entre uma moral e outra há "uma diferença de na-

---

23. "Il suffit de considérer ce qui se passe en temps de guerre. Le meurtre et le pillage, comme aussi la perfidie, la fraude et le mensonge ne deviennent pas seulement licites; ils sont méritoires. [...] Elle (la société) dit que les devoirs définis par elle sont bien, en principe, des devoirs envers l'humanité, mais que dans des circonstances exceptionnelles, malheureusement inévitables, l'exercice s'en trouve suspendu. [...] Nos devoirs sociaux visent la cohésion sociale; bon gré mal gré, ils nous composent une attitude qui est celle de la discipline devant l'ennemi" (ibid., 26-27).

24. "[...] l'obligation s'irradie, se diffuse, et vienne même s'absorber en quelque autre chose qui la transfigure. Voyons donc maintenant ce que serait la morale complète" (ibid., 29).

25. "Avant les saints du christianisme, l'humanité avait connu les sages de la Grèce, les prophètes d'Israel, les Arahants du bouddhisme et d'autres encore. C'est à eux que l'on s'est toujours reporté pour avoir cette moralité complète, qu'on ferait mieux d'appeler absolue" (ibid.).

26. "De tout temps ont surgi des hommes exceptionnels en lesquels cette morale s'incarnait" (ibid.).

tureza e não apenas de grau", uma diferença "entre o mínimo e o máximo, entre os dois limites"[27].

O homem civilizado se encontra em uma disposição mental intermediária entre o primitivo e o místico, mantendo, porém, uma relação de continuidade com o primeiro que é rompida no segundo. Entre o primitivo e o civilizado há uma diferença de grau; entre o civilizado e o místico há uma diferença de natureza. A moral aberta ultrapassa qualquer sociedade, pois diz respeito à humanidade em geral. Enquanto uma obrigação semelhante a um instinto está na origem da "moral da cidade", uma emoção está na origem da moral aberta; enquanto a solidariedade social contém uma hostilidade virtual entre os diferentes grupos, a fraternidade difundida pelo cristianismo quer abraçar a humanidade inteira.

Aquilo que se sobrepõe à pressão social é outra moral. A obrigação aqui se encontra transfigurada, absorvida por um elã de amor. Ali tínhamos uma moral relativamente fácil de formular, porque suposta imutável, imanente a uma sociedade que visa apenas conservar-se, uma moral que se pretende definitiva ("se muda, esquece imediatamente que mudou ou não confessa a mudança"[28]); aqui temos ímpeto, entusiasmo, exigência de movimento, aspiração, apelo, um dinamismo; em suma, difícil de formular nessa nossa linguagem afeita ao inerte, ao sólido, ao repouso. Ali tínhamos fórmulas especiais, leis genéricas e impessoais, máximas de uma moral aprisionada e cristalizada em fórmulas; aqui temos o arrebatamento de uma moral que atinge a plenitude ao "encarnar em uma personalidade privilegiada que se torna um modelo"[29]. Ali o sentimento natural de obrigação; aqui a ânsia sobrenatural de redenção; ali a sobriedade da obediência às leis, aqui "dedicação, dom de si, espírito de sacrifício, caridade"[30]. Bergson explicita, as-

---

27. Ibid.
28. Ibid., 56.
29. Ibid., 30.
30. Ibid., 31.

sim, a diferença entre a moral fechada e a moral aberta, e parte dessa diferença conceitual ou esquemática para analisar o misto de fechado e aberto, pressão social e elã de amor, que é a sociedade real e a moral racional. Nem na pressão social nem no elã de amor estamos diante de forças exclusivamente morais[31]. Há dois fundamentos ou duas fontes distintas da moral: "Uma tem sua razão de ser na estrutura original da sociedade humana e a outra encontra sua explicação no princípio explicativo dessa estrutura"[32]. Em outras palavras, uma se fundamenta em uma determinação da *vida* (a sociedade) e a outra naquilo que explica a vida (o *elã vital*). É nesse sentido e absolutamente não em um sentido reducionista que se deve compreender o caráter essencialmente biológico que Bergson atribui a toda moral, seja de pressão, seja de aspiração[33].

É preciso ter em mente, porém, não apenas a dualidade de origem como também se lembrar que "a própria dualidade é reabsorvida na unidade"[34] e que se trata de "duas manifestações complementares da vida"[35], que se ocupa tanto em conservar a espécie humana quanto em, excepcionalmente, transfigurá-la "graças a indivíduos dos quais cada um representa, como o teria feito o aparecimento de uma nova espécie, um esforço de evolução criadora"[36]. Trata-se, pois, da "mesma força que se manifesta diretamente, dando voltas sobre si mesma, em uma espécie humana uma vez constituída e que age depois indiretamente, por intermédio de individualidades privilegiadas, para impelir a humanidade adiante"[37]. É essa abertura da alma capaz de elevar à pura espiritualidade uma

31. Ibid., 98.
32. Ibid., 53.
33. "Atribuamos, pois, à palavra biologia o sentido mais compreensivo que ela deveria ter, e que talvez tenha um dia, e digamos para concluir que toda moral, pressão ou aspiração, é de essência biológica" (Ibid., 103).
34. Ibid., 98.
35. Ibid.
36. Ibid., 99.
37. Ibid., 48.

moral aprisionada e materializada em fórmulas que Bergson sente nas palavras de Jesus no Sermão da Montanha:

> Tal é o sentido profundo das oposições que se sucedem no Sermão da Montanha: "Disseram-vos que [...]; eu, porém, vos digo que [...]". De um lado o fechado, de outro, o aberto. A moral corrente não é abolida, mas ela se apresenta como um momento ao longo de um progresso. Não se renuncia ao antigo método, mas se o integra em um método mais geral, como se dá quando o dinâmico reabsorve em si o estático, tornado um caso particular[38].

Apesar de haver na moral aberta uma emoção original, que é sua explicação e fundamento, essa emoção se deposita em fórmulas na consciência social. É natural que o dinâmico tenda ao estático. Embora seja possível explicitar a emoção tipicamente cristã em "ideias constitutivas de uma doutrina, e mesmo em muitas doutrinas diferentes que não terão outra semelhança entre elas além de uma comunidade de espírito"[39], a emoção precede a doutrina, e é por isso que a mística é mais fundamental que a religião, mesmo que a linguagem as confunda em um mesmo nível. A mística é mais fundamental porque o místico coincide com aquela emoção mais original, que é o próprio "esforço gerador da vida"[40]: "É sempre em um contato com o princípio gerador da espécie humana que se tem haurido a força de amar a humanidade"[41].

A inserção nessa emoção originária será traduzida em certa linguagem, dentro de certa cultura, mas as suas ações ou seus frutos – para usarmos uma figuração bíblica – darão ou não testemunho da

38. Ibid., 58.
39. Ibid., 59.
40. Ibid., 52.
41. "C'est toujours dans un contact avec le principe générateur de l'espèce humaine qu'on s'est senti puiser la force d'aimer l'humanité. Je parle, bien entendu, d'un amour qui absorbe et réchauffe l'âme entière" (Ibid., 52).

veracidade ou profundidade desse contato. Mas voltaremos a isso. O que importa de momento é constatar a existência de duas vias explicativas, sem as quais se perde a diferença e se acolhe o misto como fundamental, quando na verdade não o é. São dois os fundamentos, mas a moral que se estabelece compatibiliza duas tendências vitais distintas: uma tendência de pressão e uma tendência de aspiração. O intelecto, trabalhando sobre esse produto final, haverá de encontrar as gêneses particulares a fim de bem elucidar o fenômeno:

> Estas duas morais justapostas parecem agora não fazer mais que uma; a primeira tendo emprestado à segunda um pouco daquilo que ela tem de imperativo e tendo recebido dela, em troca, uma significação menos estreitamente social, mais largamente humana. Mas remexamos a cinza; encontraremos partes ainda quentes e, finalmente, a centelha irromperá; o fogo poderá acender-se e, se acender, se alastrará passo a passo[42].

Em todos os tempos, afirma Bergson, ao falar da moral completa, "surgiram homens excepcionais nos quais essa moral encarnou. Antes dos santos do cristianismo, a humanidade conhecera os sábios da Grécia, os profetas de Israel, os iluminados do budismo e outros ainda. Foram sempre eles a referência dessa moral completa, que melhor poderíamos dizer absoluta"[43]. Trata-se de indivíduos, de "grandes homens de bem"[44] cuja existência foi um apelo[45]. Trata-se de grandes personalidades morais que anunciavam uma via nova, outra moral que surgia; eram iniciadores em moral que, por suas vidas, atitudes e gestos conduziram a humanidade a uma emoção desconhecida, como uma melodia que nos inserisse em

---

42. Ibid., 47.
43. Ibid., 29.
44. Ibid., 30.
45. "Ils n'ont pas besoin d'exhorter; ils n'ont qu'a exister; leur existence est un appel. Car tel est bien le caractère de cette autre morale" (Ibid.).

um sentimento eterno, mas cheio de nuances a lhe fornecer um toque original.

Mas até mesmo tais homens excepcionais requerem uma sociedade de algum modo apta a recebê-los. Sem a dilatação do esforço próprio da inteligência que liberou o homem de muitas limitações naturais[46], talvez não tivesse sido possível o surgimento de alguns indivíduos "particularmente dotados"[47], que foram capazes de "reabrir aquilo que tinha sido fechado e de fazer ao menos por eles mesmos aquilo que teria sido impossível à natureza fazer pela humanidade inteira"[48]. Por meio dessas "vontades geniais", o elã vital rompe com uma certa natureza. Da solidariedade social para a fraternidade humana, Bergson entende que há uma passagem ou salto que equivaleria, em linguagem espinosista, à passagem da *natura naturata* para a *natura naturante*[49].

Um problema, no entanto, se impõe. É o da relação existente entre os indivíduos cujas almas se abrem e a sociedade cujo curso é modificado pela chama advinda do seu ímpeto moral. O problema se complica ainda mais quando levamos em consideração que, para Bergson, a ruptura ou passagem fundamental do fechado ao aberto deveu-se, no seu aspecto social, ao advento do cristianismo. Abordando o problema de forma mais específica – embora o desmembremos em novos aspectos –, questionaremos: por que Bergson se refere à moral corrente no tempo de Jesus (moral judaica) como um "momento ao longo de um processo", dizendo que tal moral não foi abolida[50], enquanto afirma, em outros momentos, a diferença de natureza entre o fechado e o aberto, falando em ruptura? Por que a referência aos sábios da Grécia, profetas de Israel e iluminados do budismo como homens que encarnaram a moral completa ou abso-

46. Ibid., 56.
47. Ibid.
48. Ibid.
49. Ibid.
50. Ibid. 58.

luta[51], enquanto se refere em outros momentos apenas à moral do Evangelho como sendo essencialmente aberta[52]? Qual é, enfim, a relação do cristianismo com a moral antiga e com a moral apregoada por outras religiões? Como compreender a difícil afirmação de que "entre a moral antiga e o cristianismo encontra-se uma relação do mesmo gênero que aquela da antiga matemática com a nossa"[53]?

2.1.4. Cristo e a abertura plena da moral

O cristianismo possibilitou a abertura no sentido pleno, porque o Cristo personificou a abertura plena da moral. O que era sugestão e sutil sentimento em outras épocas, torna-se essência e vida em uma época determinada; o cristianismo oferece, então, o modelo máximo e incomparável de um ideal para o qual o social tende e cuja aproximação equivale ao desenvolvimento espiritual da humanidade na forma de suas máximas construções morais.

O fato de a moral cristã representar a abertura suprema da moralidade não significa, porém, que ela não tenha antecedentes ou que tenha brotado do nada. O nada, sabemos, não faz brotar uma ideia e as ideias, por originais que sejam, precisam de um solo para eclodir. No caso do cristianismo lidamos com algo muito maior que uma ideia. Trata-se de uma emoção fundamental que está na base do próprio processo evolutivo. Essa emoção é o amor e só o cristianismo a enxerga, vivencia e denomina como tal.

Sendo o amor a base, a fonte, o significado e o sentido para o qual aponta o elã vital, o advento do Cristo oferece o modelo ideal da abertura total para a qual o corpo social tende. Essa tendência tangencia infinitamente a realidade, pois é ao mesmo tempo um ideal perseguido (pela sociedade) e já realizado (pelo Cristo).

---

51. Ibid., 29.

52. "La morale de l'Evangile est essentiellement celle de l'âme ouverte" (Ibid., 57).

53. Ibid., 58.

No sentido social, o cristianismo pulsa, provê, promove o progresso, chamando o corpo de leis, hábitos e regras a uma aproximação cada vez maior. No sentido individual, o problema torna-se metafísico e de difícil elucidação, porque, também aí, o Cristo chama as almas que se aproximaram do ideal consumado por ele na terra.

Isso, claro, pressupõe a crença – que é a nossa – de que Cristo, muito mais que homem, é o fim supremo da evolução e a meta final de cada indivíduo cuja abertura em direção à plenitude moral se anuncia. Mas, mesmo sem essa crença – para nos mantermos no âmbito estritamente filosófico –, podemos dizer que uma ideia original, a da fraternidade, encontrará retrospectivamente os elementos de que carece para se concretizar, e esses elementos estarão justamente nos indivíduos dotados de uma vontade santa, cuja exemplificação trabalhou o escopo doutrinário das religiões, tornando-as cada vez mais espiritualizadas e aptas a depor a favor dessa nova emoção.

É nesse sentido que se deve compreender, segundo Bergson, a semelhança, por exemplo, da doutrina dos estoicos com a doutrina dos cristãos, quando aqueles se afirmam cidadãos do mundo, propondo uma república universal na qual todos seriam regidos pela mesma razão interna à natureza. São quase as mesmas palavras, mas não foram ditas com o mesmo acento[54]. Aqui está presente uma das questões de fundo que anima o presente trabalho: as potencialidades e limites de qualquer filosofia para entusiasmar a alma, transformar o indivíduo, modificar a direção da vontade, torná-lo uma pessoa melhor ou erguê-lo acima de si mesmo.

Os estoicos, afirma Bergson, "deram exemplos muito belos", mas não conseguiram "arrastar atrás de si a humanidade", por ser "essencialmente uma filosofia"[55]. É por isso que, quando Bergson

---

54. Ibid., 59.
55. Ibid.

vai buscar na antiguidade clássica um elemento de aproximação ou algo dessa emoção sublime que o cristianismo veio trazer, ele nos remete a Sócrates – cuja missão interpreta como tendo sido "de ordem religiosa e mística"[56] – e não a Platão e Aristóteles, cujas doutrinas morais são a consequência de um intelectualismo levado ao âmbito prático, de uma inteligência pura, "fechando-se em si mesma e julgando que o objeto da vida é aquilo que os antigos chamavam 'ciência' ou contemplação"[57]. Segundo Bergson, foi por ter-se detido à "intelectualidade que recobre hoje o todo que a filosofia não teve êxito em explicar como uma moral pode ter domínio sobre as almas"[58].

2.2. Justiça: uma noção moral aberta

2.2.1. A dupla origem da noção de justiça

Embora, na aplicação do seu método filosófico, Bergson tenha destacado "as duas forças que agem sobre nós, impulsão de um lado e atração de outro"[59], o mesmo método o leva a reconhecer que "pressão e aspiração marcam encontro na região do pensamento, onde se elaboram os conceitos"[60], e é nessa região que habita a sociedade real. Para ilustrar, então, de que modo concreto se efetua esse misto de fechado e aberto, pressão e aspiração, Bergson tomará por objeto de estudo uma determinada noção moral, a justiça:

> Todas as noções morais se compenetram, mas nenhuma delas é mais instrutiva que a de justiça. Primeiro porque ela engloba a maior

56. Ibid., 60.
57. Ibid., 64.
58. Ibid.
59. Ibid.
60. Ibid.

parte das outras, depois porque ela se traduz, apesar da sua grande riqueza, por fórmulas mais simples, enfim e sobretudo porque nela vemos se encaixar uma na outra as duas formas da obrigação[61].

Através do curso da história, a noção de justiça sempre evocou ideias de "igualdade, de proporção e de compensação"[62]. Tal noção já se encontrava presente nas sociedades mais rudimentares que praticavam a troca, pois não se pode praticá-la "sem se perguntar se os dois objetos de troca são do mesmo valor, quer dizer, trocáveis por um terceiro"[63]. Tal igualdade de valor é erigida, em regra, impondo-se, então, à realidade do grupo: "Eis a ideia de justiça em sua forma precisa, com o seu caráter imperioso e as ideias de igualdade e reciprocidade que a ela se associam"[64]. Gradualmente essa noção se estenderá às relações entre as pessoas[65], regulando impulsos naturais por uma "ideia de reciprocidade não menos natural"[66]: é a lei de Talião, formulada no Antigo Testamento[67], ou o Código de Hamurabi[68], escrito babilônico que também trata da lei de reciprocidade do crime e da pena. Por arcaica e violenta que seja essa lei, ela não deixa de ser adequada ao senso comum e às nossas inclinações naturais.

A análise de Bergson acerca da origem da justiça nada deixa a desejar se comparada a outras abordagens da filosofia moral. Bergson, porém, enxerga a *diferença* onde muitos filósofos não a

61. Ibid., 68.
62. Ibid.
63. Ibid., 69.
64. Ibid.
65. Ibid.
66. Ibid.
67. "Mas, se houver dano grave, então darás vida por vida, olho por olho, dente por dente, mão por mão, pé por pé, queimadura por queimadura, ferimento por ferimento, golpe por golpe" (Ex 21,23-25).
68. "Se alguém arranca o olho a um outro, se lhe deverá arrancar um olho; se ele quebra o osso a um outro, se lhe deverá quebrar o osso; se alguém parte os dentes de um outro, de igual condição, deverá ter partido os seus dentes etc." (Trecho do código de Hamurábi, item XII – Delitos e penas, n. 196 a n. 214).

enxergam e mostra que, em algum momento, houve ruptura, novidade, criação, questionando-se sobre a suposta passagem de uma justiça cuja genealogia ele também elabora para uma outra justiça que lhe não guarda as mesmas origens:

> Desta justiça que pode até não se exprimir em termos utilitários, mas que nem por isso permanece menos fiel às suas origens mercantis, como passar à que não implica trocas nem serviços, sendo a afirmação pura e simples do direito inviolável e da incomensurabilidade da pessoa com todos os valores? [...] De qualquer maneira que nos representemos a transição da justiça relativa para a justiça absoluta, quer tenha sido feita em várias vezes ou de um só golpe, houve criação[69].

Considerar as concepções de justiça que existiram na antiguidade como "visões parciais, incompletas, de uma justiça integral que teria sido precisamente a nossa"[70], é uma ilusão constantemente presente nos estudos da moral. Não se pode afirmar que as formas cada vez mais amplas de justiça relativa sejam aproximações crescentes da justiça absoluta[71], porque as formas de justiça relativa só podem ser consideradas como tais uma vez posta a justiça absoluta, o que, por sua vez, põe o nosso olhar retroativo sobre elementos que consideraremos como aspectos determinantes do que era até então não determinado. A ilusão de ver continuidade onde há salto brusco deve-se ao

> nosso hábito de considerar todo movimento adiante como retraimento progressivo da distância entre o ponto de partida (que é efetivamente dado) e o ponto de chegada que só existe como estação quando o móbil escolheu deter-se nele. Pelo fato de ele poder ser

69. Bergson, *Les deux sources*, 71.
70. Ibid., 72.
71. Ibid., 73.

sempre encarado assim quando atingiu o seu termo, não se segue que o movimento tenha consistido em aproximar-se desse termo: um intervalo do qual só há uma extremidade não pode diminuir pouco a pouco, porque ele não é ainda intervalo; ele terá diminuído pouco a pouco quando o móbil tiver criado pela sua parada real ou virtual uma outra extremidade que nós consideraremos retrospectivamente ou mesmo quando nós seguirmos o movimento no seu progresso reconstituindo-o de antemão, ao recuar[72].

2.2.2. O cristianismo e a ideia moderna de justiça

Em um dado momento houve alguma coisa que "poderia não ter sido, que não teria sido sem certas circunstâncias, sem certos homens, sem certo homem talvez"[73]. Esse "certo homem" realizou no mundo a justiça absoluta, que permaneceu durante algum tempo "em estado de ideal respeitado"[74], sem perspectiva de se realizar, e que posteriormente foi capaz de atrair para o campo social novos progressos. Um desses progressos é o ideal de justiça, tal como exposto nos "Direitos do homem".

A justiça, segundo Bergson, comporta uma representação ao infinito nas suas criações sucessivas, e a ideia moderna de justiça, sendo uma noção aberta, possui conteúdo indeterminado e progride sempre sob o impulso dos "criadores morais" e por "intermédio de lei"[75]. As progressivas realizações da justiça não se podem dar por si mesmas "em virtude do estado de alma da sociedade em um certo período da sua história"[76], pois só "podem ser realizadas em uma sociedade cujo estado de alma seja já aquele que elas deveriam

72. Ibid., 72.

73. Ibid., 71.

74. Ibid., 73.

75. "[...] Cette réalisation n'est possible que par l'intermédiaire des lois" (Ibid., 74).

76. Ibid.

induzir pela sua realização"[77]. Como escapar desta circularidade? O cristianismo introduziu um método e indicou uma direção:

> O método consistia em supor possível o que é efetivamente impossível numa sociedade dada, em se representar aquilo que disto resultaria para a alma social, e a induzir então qualquer coisa deste estado de alma pela propaganda[78] e pelo exemplo: o efeito, uma vez obtido, completaria retroativamente sua causa; sentimentos, de resto evanescentes, suscitariam a legislação nova que pareceria necessária por ocasião de sua aparição e que serviria então para os consolidar. A ideia moderna de justiça progrediu assim por uma série de criações individuais que tiveram êxito, por esforços múltiplos animados de um mesmo elã[79].

Para explicar como os iniciadores ou reformadores rompem o círculo da moral social, Bergson compara o efeito da ação desses indivíduos com o "milagre da criação artística"[80]. Assim como uma obra genial, de início desconcertante, cria "pouco a pouco apenas pela sua presença uma concepção de arte e uma atmosfera artística que permitirão compreendê-la"[81], cada um dos indivíduos cujas ações enriqueceram mais e mais a ideia de justiça cria dela

---

77. Ibid.

78. O termo "propaganda" utilizado por Bergson – adverte-se nas notas do capítulo 1 da edição crítica de *As duas fontes* – deve ser lido em seu sentido originalmente neutro, desprovido do caráter negativo de deformação da informação que se assimilou ao termo após o nazismo: "Designando em latim as coisas que devem ser propagadas, ela está ligada à difusão das ideias religiosas pela Igreja cristã. Em 1622, o papa Gregório XV funda também a *Congregatio de Propaganda Fide* – Congregação pela Propaganda da Fé, um comitê de cardeais encarregado de observar a propagação do cristianismo pelos missionários enviados aos países não cristãos" (Dossiê crítico *Les deux sources de la morale et de la religion*, 404).

79. Bergson, *Les deux sources*, 78-79.

80. Ibid., 75.

81. Ibid.

uma nova concepção ou uma nova atmosfera moral, que torna tais ações compreensíveis.

Essas "almas privilegiadas" dilatam nelas a "alma social", quebrando o referido círculo e "arrastando a sociedade atrás de si"[82]. Foram elas as responsáveis pelos saltos sucessivos que possibilitaram à justiça emergir "da vida social, a qual ela era vagamente interior, para planar acima dela e mais alto que tudo, categórica e transcendente"[83]. Esse primeiro progresso, qual seja, o despregamento da justiça do interior das relações sociais em direção a uma transcendência e a um "caráter violentamente imperioso"[84] deve ser, segundo Bergson, atribuída aos profetas de Israel[85]. Tal progresso, porém, incidiu sobre a *matéria* da justiça. O segundo progresso, que incidiu sobre a *forma* da justiça, deveu-se ao cristianismo e consistiu na substituição de uma república "que se detinha nas fronteiras da cidade, e que na própria cidade se detinha aos homens livres"[86], por uma "república universal". Foi a substituição do fechado pelo aberto[87].

Com o cristianismo adveio um sentimento novo, uma nova concepção das coisas, uma emoção original para a qual almas se abriram e para cuja difusão se prestaram, em missão. Essa emoção apareceu "sob o nome de caridade"[88]. A moralidade que essa emoção comporta não exerce sobre as almas uma pressão, mas um chamado, um apelo, uma atração. Há nela uma "potência propulsora"[89], capaz de romper a moral fechada que gira em torno de si mesma e induzir com tal rompimento a sociedade a um progresso ético-moral. Um

82. Ibid., 74.
83. Ibid., 76.
84. Ibid.
85. Ibid., 76-77.
86. Ibid., 77.
87. "Não nos parece duvidoso que este segundo progresso, a passagem do fechado ao aberto, seja devido ao cristianismo, como o primeiro tinha sido devido ao profetismo judeu" (Ibid.).
88. Ibid., 46.
89. Ibid., 47.

desses progressos foi, como já dito, a formulação da ideia moderna de justiça, que, tendo sua origem remetida a essa emoção, é algo bastante distinto da justiça natural, que tem sua origem na sociedade. O ideal moderno de justiça estaria assim tão distante da justiça natural quanto a ideia de democracia estaria distante daquela democracia que se realizou a partir da degeneração da aristocracia[90].

Haveria, pois, uma diferença qualitativa entre a justiça natural e aquela que afirma a dignidade absoluta do indivíduo, assim como haveria uma diferença qualitativa entre a ideia de democracia que se vincula à ideia de fraternidade e a democracia que, nada mais sendo que um "equilíbrio mecanicamente alcançado"[91], pôde tolerar a escravidão[92].

É justamente a presença da escravidão no interior da democracia ateniense e a sua justificação no interior da filosofia grega que será utilizada por Bergson como argumento para demonstrar que a passagem do fechado para o aberto não poderia ter sido realizada pela filosofia pura, precisando esperar o advento do cristianismo para se concretizar.

Os filósofos, afirma Bergson, passaram muito perto disso, tocaram, resvalaram, mas não conseguiram fazer a passagem, abrir a porta. Por digna e moral que tenha sido a filosofia platônica, ela não deu o passo fundamental, não condenou a escravatura, não renunciou "à ideia grega segundo a qual os estrangeiros, sendo bárbaros, não podiam reivindicar direito algum"[93].

Mas, pergunta-se Bergson, seria mesmo essa uma ideia tipicamente grega?[94] Nesse ponto, ele faz uma consideração muito impor-

90. Ibid., 73.
91. Ibid., 74.
92. Ibid., 73-74.
93. Ibid., 77.
94. "Il eût fallu condamner l'esclavage, renoncer à l'idée grecque que les étrangers, étant des barbares, ne pouvaient revendiquer aucun droit. Était-ce d'ailleurs une idée proprement grecque?" (Ibid.).

tante para a tese que está defendendo (o cristianismo como indutor da passagem do fechado para o aberto). Sugere que esse caráter fechado (tendência de compreender a cada momento certo número de indivíduos e excluir outros) não é uma ideia apenas grega, mas algo que pode ser encontrado "em estado implícito por toda parte onde o cristianismo não penetrou"[95].

2.2.3. Amor e justiça: Henri Bergson e Paul Ricoeur

Isso exposto, apresentaremos agora uma reflexão tão pontual quanto a de Bergson no que tange às relações que se estabelecem entre os preceitos da moral no Evangelho e as leis sociais que os seguem de perto. Trata-se da obra de Paul Ricoeur, *Amor e justiça*. Veremos que são visíveis as semelhanças dessas reflexões com aquelas empreendidas por Bergson, principalmente nos seguintes aspectos: a compreensão da moral presente no Evangelho como supraética e superabundante, a compreensão dessa superioridade como algo de paradoxal, a percepção na justiça de um misto entre supraética e ética, a distinção entre a poética do *ágape* e a prosa da justiça (que pode ser comparada à distinção que Bergson faz entre a moral aberta, que é difícil de formular, e a moral fechada, muito bem expressa em fórmulas gerais e abstratas) e, ainda, a diferenciação entre a justiça enquanto corpo de leis ou aparelho judiciário, e uma *ideia de justiça* que estaria bem mais próxima do amor (que pode ser comparada à diferença estabelecida por Bergson entre uma justiça natural de origens mercantis e o ideal moderno de justiça, cujas relações com o cristianismo também são por ele explicitadas).

Ambos os filósofos tornaram patente a tensão entre o que há de paradoxal e superabundante na ética cristã e o que há de tendência ao equilíbrio na noção de justiça. O mais importante nessa com-

95. Ibid.

paração é trazer à tona a lógica interna do conceito de justiça, acrisolado nas regras e nas leis e pairando acima delas como um ideal.

No texto *Amor e justiça*, Paul Ricoeur tenta encontrar uma dimensão conciliadora entre esses dois elementos, cuja relação normalmente se apresenta problemática, na medida em que se trataria, para o autor, do entrecruzamento de uma dimensão supraética com uma dimensão ética. Ou seja, antes de empreender uma aproximação dialética entre amor e justiça, o filósofo reconhece uma desproporção entre esses termos, assim como sua pertença a esferas diferentes de discurso.

A necessidade de lançar uma ponte entre a poética do *ágape* e a prosa da justiça, entre o hino de louvor e a regra formal é justificada pelo fato de que ambos os discursos remetem à práxis: "Os dois regimes de vida, segundo o *ágape* e segundo a justiça, remetem ao mesmo mundo de ação em que ambicionam se manifestar"[96]. A teoria do *ágape* poria, entretanto, de saída, o problema de saber até que ponto se trata de uma construção capaz de descrever ações realizadas por pessoas na realidade ou de uma mera utopia. Nesse sentido, Paul Ricoeur cita o livro de Dostoiévski, *O idiota*, como exemplificação do mal-entendido e da confusão suscitada pela tentativa de aplicação do *ágape* em situações concretas.

Segundo Ricoeur, a lógica do amor é a lógica da superabundância, enquanto a lógica da justiça é a lógica da equivalência. Enquanto a justiça busca dar a cada um o que lhe é devido, estabelecendo uma correlação razoável entre delitos e penas, o amor se caracteriza pelo perdão e pela gratuidade. A questão de Ricoeur é saber se, apesar dessas divergências, é possível e/ou necessário estabelecer uma relação entre ambos.

O amor resiste à análise ética, à tentativa de clarificação conceitual, primeiramente na sua forma de exposição como louvor,

---

96. Ricoeur, Paul, *Parcours de la reconnaissance. Trois études*, Bussière, Gallimard/Folio Essais, 2004, 326.

mas, principalmente, na paradoxal forma imperativa na qual se exprime: "Tu amarás ao Senhor teu Deus e amarás ao próximo como a ti mesmo". Qual o estatuto deste mandato? Como é possível comandar um sentimento? Tal mandamento é comparável aos princípios morais, tais como o são o imperativo categórico e mesmo os princípios utilitaristas?

Interpretando a obra de Franz Rosenzweig, *A estrela da redenção*, Paul Ricoeur encontra possibilidades de resposta para estas questões. O mandamento de amar surge da ligação de amor entre Deus e uma alma solitária: "O mandamento de amar é o amor ele mesmo se recomendando"[97]. Tal mandamento contém as condições de sua obediência pela essência terna de seu apelo: "Ame-me". Ou seja, trata-se de um uso poético do imperativo. Tal uso torna o mandamento do amor irredutível, em seu teor ético, ao imperativo kantiano. A tentativa de Paul Ricoeur de estabelecer uma dialética entre amor e justiça partirá justamente dessa separação entre o uso poético do mandamento e o mandamento em sentido estritamente moral.

A justiça é uma atividade comunicacional, argumentativa, e se impõe através do confronto discursivo, racional, analógico. A marca maior da justiça está nesse formalismo. Entretanto, para além da justiça tomada assim na perspectiva de aparelho judiciário de um Estado de direito, há os princípios de justiça ou a *ideia de justiça*, cujas fronteiras com o amor são mais tênues, mais difíceis de traçar. Mas, mesmo nesse sentido, a quase total identificação da justiça com a justiça distributiva reforça a sua antinomia em relação ao amor. "Dar a cada um o que lhe é devido" seria a fórmula mais geral da justiça[98], em contraposição às características de generosidade e gratuidade próprias do amor.

---

97. Id., *Amour et justice*, Paris, Seuil, 2008, 22.

98. "Os indivíduos não teriam existência social sem estas regras de distribuição [...] é aqui que intervém a justiça enquanto justiça distributiva, como virtude

Na tentativa de superar as divergências entre amor e justiça acima apontadas, Paul Ricoeur irá encontrar em Lucas 6 uma tensão viva a ser trabalhada entre a regra de ouro (que anunciaria a regra de justiça) e o novo mandamento (que anunciaria a nova lei do amor). O imperativo do amor não é autossuficiente, mas se sustenta naquilo que Ricoeur chamou de "economia do dom"[99]: "O amor ao próximo, sob a forma extrema de amor aos inimigos, encontra no sentimento supraético da dependência do homem criatura sua primeira ligação com a economia do dom"[100]. Também a significação dita supraética do novo mandamento advém da economia do dom, isto é, da projeção ética mais próxima daquilo que transcende a própria ética: "Porque te foi dado, dá à seu turno".

Essa expressão constituiria uma possibilidade de redução ética da supraética presente na economia do dom. Entretanto, em sua aplicação prática, a economia do dom desenvolve uma lógica de superabundância aparentemente oposta à lógica da equivalência, que prevalece no princípio de justiça[101]. Em Lucas 6,32-34, a regra de ouro (ou a lógica da equivalência) parece ser desautorizada pelas graves palavras de Jesus, representando o novo mandamento do amor ou a lógica da superabundância:

> E se amardes os que vos amam, que recompensa tereis? Também os pecadores amam os que os amam. E se fizerdes bem aos que vos fazem bem, que recompensa tereis? Também os pecadores fazem o mesmo. E se emprestardes àqueles de quem esperais tornar a rece-

das instituições que preside a todas as operações de partilha" (Ibid., *Parcours de la reconnaissance*, 325).

99. "O mandamento de amar seus inimigos não é autossuficiente: ele é a expressão supraética de uma vasta *economia do dom*" (Ricoeur, *Amour et justice*, 33).

100. Ibid.

101. "[...] entrando no campo prático, a economia do dom desenvolve uma lógica de superabundância que, em um primeiro momento ao menos, se opõe polarmente à lógica de equivalência que governa a ética cotidiana" (Ibid., 35).

ber, que recompensa tereis? Também os pecadores emprestam aos pecadores para tornarem a receber outro tanto. Amai, pois, os vossos inimigos, e fazei bem, e emprestai, sem nada esperardes em troca (Lucas 6,32-35).

No entanto, apesar dessa aparente contradição, a regra de ouro ("aquilo que queres que os homens vos façam, fazei-vos a eles", Lc 6,31) e o mandamento de amar os inimigos – ou simplesmente o mandamento do amor – estão presentes em um mesmo contexto. Isso sugere uma outra perspectiva na qual o amor, ao invés de contradizer a regra de ouro, fornece-lhe uma nova interpretação no sentido da generosidade, lançando assim um comando "que em razão de seu estatuto supraético só acede à esfera ética ao preço de comportamentos paradoxais e extremos"[102]. Tratar-se-ia de engajamentos singulares que, segundo Paul Ricoeur, ofereceriam uma extrema dificuldade de aplicação prática, devido ao fato de erigirem a não equivalência em regra geral. Tais posturas, historicamente assumidas por indivíduos como Francisco de Assis, Gandhi ou Martin Luther King, arriscariam virar-se do supramoral para o não moral ou mesmo para o imoral, caso não passassem pelo crivo do princípio de moralidade resumido na regra de ouro e formalizado pela regra de justiça.

Por sua vez, a justiça ou lógica da equivalência receberia de sua confrontação com a lógica da superabundância ou do amor a capacidade de superar a má interpretação utilitarista a que está sujeita. Assim a fórmula geral: "Dou para que me dês" seria corrigida pela fórmula: "Dá, porque te foi dado". As palavras de Jesus em Lucas 6,32-34 seriam, então, menos uma crítica à lógica de equivalência da regra de ouro que uma crítica contra uma sua possível interpretação perversa utilitarista. Da antinomia inicial entre amor e justiça, Paul Ricoeur chega então à justiça como mediador necessário

102. Ibid., 38.

para o amor, na medida em que o amor, sendo supramoral, requer o crivo da justiça para entrar na esfera prática da ética:

> Desorientar sem orientar é, em termos kierkegaardianos, suspender a ética. Em um sentido, o comando de amor, enquanto supramoral, é uma maneira de suspensão da ética. Este só é reorientado ao preço de uma retificação da regra de justiça, de encontro à sua inclinação utilitária[103].

Haveria, portanto, segundo Ricoeur, uma complementaridade entre a lógica de superabundância e a lógica de equivalência, ou entre o amor e a justiça. O imperativo ético do amor necessita do ideal ético da justiça, assim como a justiça deve ser complementada pelo mandamento do amor. Trata-se aqui de fundamentar a ética para além de sua funcionalidade legal, descobrindo no amor o móbil para a renovação constante das leis que visam ao ideal de justiça:

> [...] a empresa de exprimir esse equilíbrio na vida cotidiana, no plano individual, jurídico, social e político é perfeitamente praticável. Eu diria mesmo que a incorporação tenaz, passo a passo, de um grau suplementar de compaixão e generosidade em todos nossos códigos – código penal e código de justiça social – constitui uma tarefa perfeitamente racional, embora difícil e interminável[104].

2.3. Religião estática

2.3.1. Instinto, inteligência e religião

Como compreender o caráter absurdo e supersticioso das religiões primitivas se a religião é uma particularidade de um ser de-

103. Ibid., 41.
104. Ibid., 42.

finido prioritariamente como inteligente? Como crenças tão desprovidas de razoabilidade e providas de práticas tão distantes da moralidade encontraram guarida sob aquilo que se convencionou chamar "religião"? Como superstições puderam e podem ainda governar a vida de seres racionais[105]? A resposta a essas questões pressupõe a retomada da perspectiva pragmática de Bergson, ou seja, da aplicação, nesse questionamento, de um aspecto do seu método filosófico que sugere que se questione antes de tudo qual o significado de uma determinada prática ou função psíquica em relação à vida, à sua manutenção e ao seu progresso. Sendo o homem caracterizado por dois traços essenciais, a inteligência e a sociedade, deve-se buscar a interpretação dos fenômenos que o envolvem, reconduzindo tanto a inteligência quanto a sociabilidade para o âmbito da evolução geral da vida.

A religião estática, chamada também por Bergson de "primitiva" ou "natural", seria uma resposta da natureza à perturbação que a inteligência traz à vida individual ou social, seja quando inclina o homem ao egoísmo, seja quando debilita o ímpeto vital com a ideia da morte. Em ambos os casos entram em cena representações religiosas fabricadas pela função fabuladora da inteligência. São então criados deuses que asseguram punição e castigo para aqueles que, seguindo uma inclinação egoísta, prejudicam a coesão social; figuram-se também potências favoráveis ou desfavoráveis aos anseios individuais capazes de preencher o espaço de indeterminação entre o desejo e sua concretização.

O despertar da consciência de si, que acompanha o surgimento dessa nova forma de vida que é o ser humano, traz consigo uma ameaça que precisa ser contrabalanceada. Essa ameaça é o egoísmo, que tem a potencialidade de isolar o indivíduo da comunidade, da sociedade. Contra essa ameaça de dissolução dos laços sociais, a religião impõe comandos e interdições que, envoltos

---

105. Bergson, *Les deux sources*, 110.

em um manto de sacralidade, induzem à obediência. Outra ameaça além da dissolução dos laços sociais seria a dissolução dos laços que ligam o homem à "vida total do cosmos": o homem não se vê mais cercado pela natureza e amparado por ela, mas sente-se em uma relação de oposição à natureza, o que amplia e aprofunda o seu isolamento: "Com o saber de sua existência como si mesmo, o homem torna-se estrangeiro ao ser do universo, ele se exclui – como já sugere a palavra *existência*. Assim, para o homem, o primeiro começo do ser é também começo do nada"[106].

Em A *evolução criadora*, a ideia de nada aparecia como uma transposição do *modus operandi* da inteligência prática para a especulação, criando falsos problemas que versavam mais sobre aquilo que não é do que sobre aquilo que é. Em *As duas fontes da moral e da religião*, a abertura de indeterminação promovida pela inteligência, isto é, seu privilégio em relação ao instinto, representa também a fresta por onde entram "dúvidas anormais e mórbidas" que podem fragilizar a nossa capacidade de ação e comprometer o nosso apego à vida. A lucidez acerca da finitude, a consciência da morte, significaria, então, uma negatividade inerente ao processo vital, uma espécie de depressão biológica decorrente da cisão entre a inteligência e o movimento que a gerou. O sentimento especificamente humano em relação à vida faz-se acompanhar inevitavelmente da noção de morte. Diante desse quadro de lucidez e desolação, a religião intervém, não dotando o homem de conhecimentos, mas ninando-o com fábulas que apaziguam a angústia ante as ameaças de isolamento e aniquilação.

Tendência ao egoísmo, desejo exacerbado, fantasia de onipotência, dificuldade de vislumbrar os seus possíveis descaminhos, reflexão sobre a ideia da morte e receio ante a indeterminação dos

106. Cassirer, Ernst, L'éthique et la philosophie de la religion de Bergson, *Der Morgen*, n. 9 (1933) 20-29.138-151, traduit er présenté par Fujita, H.; Worms, F., *Annales bergsoniennes* III, Paris, PUF, 2007, 71-97.

acontecimentos e das potências desconhecidas, seriam alguns aspectos negativos da inteligência que a vida tentará contornar através da religião. Nesse sentido, antes de ser um fato social, a religião é uma tendência que a vida põe em nós para contrabalançar as imagens mórbidas suscitadas pela lucidez da inteligência ante a condição humana. Trata-se da natureza agindo em nós, através da inteligência, para continuar o trabalho da vida. Essa necessidade biológica de crer e estabelecer sentido responde por uma *função fabuladora* da inteligência, capaz de gerar imagens alucinatórias e produzir coisas absurdas, a fim de despertar a si mesma para algo que está além da sua lógica.

2.3.2. A função fabuladora

O intuito fundamental da função fabuladora é criar representações religiosas. Ela é consequência da nossa tendência de crer e é por ela criada, o que equivale a dizer que, relativamente à religião, essa faculdade seria efeito e não causa: "Uma necessidade, talvez individual, em todo caso social, deve ter exigido do espírito esse gênero de atividade"[107]. É uma espécie de faculdade poética que detém certos perigos da atividade intelectual, por meio de uma contrafação da experiência. Criando "fantasmas de fatos" que imitam a percepção, a função fabuladora é capaz de impedir ou de modificar uma ação. Assim, pode-se dizer que "um ser essencialmente inteligente é naturalmente supersticioso e que só os seres inteligentes podem ser supersticiosos"[108].

Vimos, pois, a que serve a função fabuladora e que perigos ela deveria prevenir. Mas de onde ela vem? Qual a sua relação com outras manifestações da vida? Bergson refere-se a ela como uma "intenção da natureza", mas alerta que se trata de uma metáfora

---

107. Bergson, *Les deux sources*, 112.
108. Ibid., 113.

cômoda para significar que tal dispositivo serve ao interesse do indivíduo ou da espécie[109]. Seria então melhor defini-la como um *instinto virtual*, isto é, uma tendência que seria um instinto caso não incidisse justamente sobre um ser dotado de inteligência.

A inteligência, quando posta a serviço da espécie, é complacente e servil. Insuflada por um instinto virtual, a imaginação se põe a formular representações as mais ilusórias para mitigar o mal que a inteligência insinuava produzir. O instinto monta, então, mecanismos especiais, próprios aos seres inteligentes, a fim de que possa realizar indiretamente aquilo que teria realizado diretamente caso se tratasse de uma espécie menos complexa que o homem. Qualquer instinto tem a sua função, e "os instintos que poderíamos chamar de intelectuais são reações da natureza contra o que haveria de exagero e, sobretudo, de prematuramente inteligente na inteligência. [...] A inteligência é, pois, necessariamente vigiada pelo instinto, ou antes pela vida, origem comum do instinto e da inteligência"[110].

2.3.3. Sociedade, moral e religião

É, pois, através das representações imaginárias e supersticiosas criadas pela função fabuladora que o homem se defende contra as suas tendências deprimentes. Além disso, a religião reforça o ideário comum a um determinado grupo, contendo por isso as veleidades separatistas através do seu caráter punitivo. O recurso primordial da moral são os preceitos conceituais, racionais e abstratos, enquanto na religião prevalecem as ideias fantásticas. Assim como a moral, a religião também vai no sentido da sociabilidade, mas atua em contraposição à lógica. Seu papel fundamental é compensar o caráter débil do pensamento, restituindo a confiança, rees-

109. Ibid., 114.
110. Ibid., 168.

tabelecendo o apego à vida e suprimindo o desamparo. Embora as tendências à sociabilidade, à moral e à religião sejam em geral bem-sucedidas no seu intuito de conter a negatividade inerente à inteligência, elas não podem suprimi-las. Com a atualização dessas tendências, torna-se possível a convivência com a negatividade, mas apenas através desses instintos virtuais não é possível à inteligência superar a condição humana. Com a moral e a religião, os homens domesticam as suas angústias, controlam a sua doença, mas a doença não é curada.

O homem sabe que vai morrer, sente-se vulnerável, exposto. É receoso, tateia. Não sabe entregar-se à vida como os outros animais. Além disso, é potencialmente transgressor. Segundo Bergson, essa "dupla imperfeição é o tributo pago pela inteligência"[111]. A natureza, porém, tende a restabelecer automaticamente a ordem que a inteligência veio perturbar. Esse reordenamento das coisas é a religião elaborada pela função fabuladora, a qual, por sua vez, pertence à inteligência sem ser inteligência pura. Em resumo, a religião estática é "uma reação defensiva da natureza contra o que poderia haver de deprimente para o indivíduo e de dissolvente para a sociedade no exercício da inteligência"[112].

Sociedade, moral e religião são, portanto, as esferas essenciais onde o humano prolifera círculos da existência encerrados em si mesmo e constantemente ratificados. Uma vez circunscritas essas esferas, a humanidade permanece estacionária e reproduz um *modus operandi* que se opõe a formas instituídas por outros grupos. A unidade só se consuma a partir da exclusão. A cultura ratifica seus contornos se opondo a outros grupos. É no interior de círculos fechados, delineados pelas tendências da vida, que se dá a autoafirmação permanente das sociedades em contraposição umas às outras.

111. Ibid., 216.
112. Ibid.

Há uma padronização das formas de existência, mesmo se considerando a história, o desenvolvimento e o progresso. O mundo humano, a despeito do seu elevado grau de inventividade, também se fecha em torno de si, perpetuando a repetição. A religião estática está sempre ligada à representação, havendo na evolução das representações religiosas um progresso que corresponderia ao processo civilizatório. A religião estática destina-se, em suma, a afastar os perigos da inteligência. Ela é infraintelectual e natural. É uma detenção de um movimento cuja expansão se realizará "por meio de um esforço que teria podido não se produzir"[113], um esforço por meio do qual "o homem arrancou-se àquele movimento que dava voltas sempre no mesmo lugar"[114].

2.4. A religião dinâmica

2.4.1. Mística, filosofias e religiões

Bergson mostrará uma perspectiva sobre a religião que ultrapassa o referido caráter natural e utilitário. A possibilidade de superação da dimensão utilitária e social da religião relaciona-se à origem comum a que se pode remeter tanto a inteligência quanto o instinto, pois, se a inteligência, através da função fabuladora, conduz à religião estática, petrificada em instituições e costumes, a potencialidade intuitiva pode conduzir à religião dinâmica, através da experiência de contato com o processo contínuo de criação.

A religião dinâmica, no que tem de mais característico, ultrapassa o âmbito da representação porque é contato direto com a vida, é retorno à origem do instinto e da inteligência através da intuição mística. Há, pois, a possibilidade de ruptura com o universo

113. Ibid., 196.
114. Ibid.

estático das representações religiosas. A possibilidade de superação do divórcio entre a inteligência e o movimento que a criou é possível, mas tal só se dá em indivíduos excepcionais, capazes de romper com a própria condição humana. Há nos místicos uma conversão da humanidade por meio da qual um indivíduo sozinho supera a espécie ao coincidir diretamente com o movimento da vida. Tais indivíduos são os verdadeiros responsáveis pelo progresso espiritual da humanidade, pois são eles que vitalizam a história através de uma ação que reverbera no âmbito do fechado e no coração daqueles que não conseguiram dar esse salto.

A inteligência fabricadora foi o esforço mais bem-sucedido da natureza, porque floresceu em liberdade[115]. O ser humano representa uma determinada "qualidade e quantidade" da "grande corrente de energia criadora", do "princípio ativo, movente" lançado na matéria, e que obteve nele uma renovação que permitiu à consciência se intensificar em pensamento reflexivo, tendo encontrado, então, um "ponto extremo" no qual se depositou, estacionando. Apesar dessa estagnação, seria possível "retomar o elã", remontando "na direção de onde o elã lhe veio"[116]. Para tanto é necessária uma "alma capaz e digna"[117], cujo esforço possa fixar e intensificar a "franja de intuição vaga e evanescente" que subsiste em torno da inteligência. Essa alma, a alma mística, situa-se "num ponto até onde a corrente espiritual lançada através da matéria teria provavelmente querido chegar, sem ter podido"[118]. Ela é o "algo inacessível" que a evolução busca, sendo por meio dela que a vida atinge seu objetivo. O místico é, pois, uma "nova espécie"[119], um super-homem.

Embora seja raro, excepcional, o místico produz um eco em cada homem, que se sente então chamado a realizar o objetivo

115. Ibid., 223.
116. Ibid., 224.
117. Ibid.
118. Ibid., 226.
119. Ibid., 285.

maior da evolução. Mas, porque o pressente sem que o assimile, a humanidade não dá testemunho do grande misticismo na sua pureza, deixando a função fabuladora continuar o seu trabalho, fazendo com que a religião estática subsista[120] como uma mímica de uma peça que ela não soube compor:

> Fingirá [a religião estática] sinceramente ter buscado e obtido em certa medida esse contato com o próprio princípio da natureza. [...] Incapaz de se elevar tão alto, ela esboçará o gesto, tomará a atitude e, nos seus discursos, reservará o mais belo lugar a fórmulas que não chegam a encher-se para ela de todo o seu sentido, como essas poltronas que ficam vazias e que haviam sido preparadas para os grandes personagens em uma cerimônia. Assim constituir-se-á uma religião mista que implicará uma orientação nova da antiga, uma aspiração mais ou menos pronunciada do Deus antigo, saído da função fabuladora, a perder-se naquele que se revela efetivamente, que ilumina e aquece com sua presença as almas privilegiadas[121].

Em estado puro, a mística seria uma experiência *sui generis*, "uma tendência fundamental da vida, a expressão mais alta do esforço que a vida produz em vista da liberdade e da criação"[122]. Não deriva ela necessariamente da religião, embora sua transmissão e difusão se deem por meio dela. O misticismo é uma nova força que magnetiza o elemento da religião estática, que, entretanto, subsiste. A religião dinâmica se estabelece por meio de um ato indivisível[123], embora retroativamente possamos enxergar ações que se tornariam – uma vez posto o êxito final – "começos, preparações" ou "esboços". Um desses esboços dá-se na Grécia, onde o misticismo depo-

120. Ibid., 226.

121. Ibid., 227.

122. Nota 34 do dossiê crítico da obra *Les deux sources de la morale et de la religion*, 455.

123. Bergson, *Les deux sources*, 229.

sitara-se mais na filosofia que na própria religião, ou depositara-se de início na religião (orfismo) para passar para a filosofia por via do pitagorismo:

> Não é duvidoso, com efeito, que o entusiasmo dionisíaco se tenha prolongado no orfismo e que o orfismo se tenha prolongado em pitagorismo: ora, é a este, talvez mesmo àquele que remonta a inspiração primeira do platonismo. Sabemos em que atmosfera de mistério, no sentido órfico da palavra, banham-se os mitos platônicos. É certo que nenhuma influência desse gênero é sensível em Aristóteles e em seus sucessores imediatos, mas a filosofia de Plotino, na qual esse desenvolvimento culminou e que deve tanto a Aristóteles quanto a Platão é incontestavelmente mística[124].

Apesar de tal interpretação, Bergson toma a precaução de não estabelecer uma estreita relação de engendramento entre a mística e a filosofia, pois a filosofia grega, como já explicara em A *evolução criadora*, é o desenvolvimento natural da intelectualidade que, talhada em acordo com a própria matéria, se lhe adapta, adotando uma perspectiva espacializante. Por isso, outra interpretação acompanha a anterior. Nessa interpretação, o desenvolvimento do pensamento grego é suposto obra apenas da razão, que se faz acompanhar, porém, em algumas almas predispostas, de um esforço que daria em uma "visão, um contato" ou uma "revelação de uma verdade transcendente"[125]:

> Esse esforço não atingira jamais o seu objetivo, mas, a cada vez, no momento de se esgotar, teria confiado à dialética o que restava de si mesmo, antes de desaparecer inteiramente [...]. De fato, vemos uma primeira vaga, puramente dionisíaca, perder-se no orfismo, que era

124. Ibid., 231-232.
125. Ibid., 232.

de uma intelectualidade superior; uma segunda, que poderíamos chamar órfica, desembocou no pitagorismo, quer dizer numa filosofia; por seu turno o pitagorismo comunicara qualquer coisa de seu espírito ao platonismo; e este, tendo-a recolhido, abre-se naturalmente mais tarde ao misticismo alexandrino[126].

Não houve, porém, no pensamento helênico, o misticismo em sentido absoluto, tal como Bergson o compreende e define, ou seja, um misticismo que não se esgota na contemplação, mas que prolonga a ação divina, prolongando-se em ação[127]. Também não o houve absoluto no pensamento hindu. A religião estática, vimos, "estava prefigurada na natureza"[128]. Na religião dinâmica, por sua vez, dá-se "um salto para fora da natureza". Esse salto, ensaiou-o a alma hindu pelo método fisiológico e psicológico da ioga, cujos estados "hipnóticos" aos quais essa prática induz seriam potencialmente místicos. Tanto a prática ascética da ioga quanto o pensamento hindu em geral apontam, porém, para a necessidade de se evadir da vida, tendendo sempre para a sua renúncia. Em relação ao bramanismo, o budismo promovera, segundo Bergson, apenas uma inflexão intelectual, descobrindo no desejo a causa do sofrimento, continuando, porém, a pregar a "extinção do querer-viver"[129]. Hinduísmo, budismo e também jainismo tiveram, portanto, algo de místico, e a alma, que no "esforço por coincidir com o impulso criador" tivesse escolhido tais vias, "só falharia por ter parado a meio caminho, desligada da vida humana, mas sem alcançar a vida divina, suspensa entre duas atividades na vertigem do nada". Tais vertentes religiosas não foram misticismo completo, porque este seria, nas palavras de Bergson, "ação, criação, amor"[130].

---

126. Ibid., 233.
127. Ibid., 234.
128. Ibid., 236.
129. Ibid., 238.
130. Ibid.

Mesmo tendo pregado a caridade, o budismo ou o hinduísmo não o teriam feito, segundo Bergson, com o mesmo ardor com que o fizera o místico cristão. O ardor da caridade de um Vivekananda ou de um Ramakrishna só teria sido possível, segundo Bergson, porque em sua época já adviera tanto o cristianismo quanto determinadas invenções e organizações ocidentais, que tornaram possível a crença "na eficácia da ação humana":

> Ora, foi o industrialismo, foi a nossa civilização ocidental que desencadeou o misticismo de um Ramakrishna ou de um Vivekananda. Jamais este misticismo ardente, atuante, teria se produzido no tempo em que o hindu se sentia esmagado pela natureza e em que toda a intervenção humana era inútil. Que fazer quando fomes inevitáveis condenam milhões de infelizes a morrer? O pessimismo hindu tinha por principal origem essa impotência. E foi o pessimismo que impediu a Índia de ir até o fim no seu misticismo, pois o misticismo completo é ação[131].

2.4.2. Misticismo completo e ação

Definindo explicitamente o misticismo completo como "o dos grandes místicos cristãos"[132], Bergson aponta a "audácia", a "potência de concepção e de realização extraordinária" de indivíduos como São Paulo, Santa Teresa d'Ávila, Santa Catarina de Siena, São Francisco de Assis e Santa Joana d'Arc, questionando-se como foi "possível que eles tivessem sido assimilados a doentes"[133], quando, na verdade, poderiam ser a própria referência para a "definição de robustez intelectual"[134]. Os estados anormais de cons-

---

131. Ibid., 240.
132. Ibid.
133. Ibid., 241.
134. Ibid.

ciência – tomados como acidentes de percurso por aqueles mesmos que o vivenciaram – refletem na verdade a metamorfose pela qual passa o místico, esse "adolescente do infinito", para usarmos o belo termo empregado por Evelyn Underhill, no seu texto *Bergson and the Mystics*[135]. Trata-se aí de turbulências que refletem a passagem do estático para o dinâmico, do fechado para o aberto, de perturbações advindas da alteração das relações habituais entre consciente e inconsciente, entre eu superficial e eu profundo:

> A verdade é que esses estados anormais, sua semelhança e por vezes, sem dúvida, também a sua participação em estados mórbidos, se compreenderão sem dificuldade se pensarmos na perturbação que representa a passagem do estático ao dinâmico, do fechado ao aberto, da vida habitual à vida mística. Quando as profundidades obscuras da alma são agitadas, aquilo que sobe à superfície e chega à consciência assume aí, se a intensidade for suficiente, a forma de uma imagem ou de uma emoção. A imagem é na maioria das vezes alucinação pura, assim como a emoção não passa de agitação vã. Mas uma e outra podem exprimir que a perturbação é um reordenamento sistemático em vista de um equilíbrio superior. [...] Ao se alterarem as relações habituais entre o consciente e o inconsciente, corre-se um risco. Não é, pois, de admirar se perturbações nervosas acompanham às vezes o misticismo; encontramo-las também em ou-

---

135. "Or, le mystique est l'adolescent de l'infini; et nous trouvons précisement, quand nous étudions sa vie, ce processus progressif d'ouverture d'un chemin et de transmutation qui signifie que l'incessant courant de changement permanet qui est sa véritable existence – en son sens le plus profund, est *lui même* – a pris une nouvelle et difficile diretion, au lieu de suivre les vieux canaux faciles, appropriés à ceux qui comprenaient comme des enfants et ne connaissent que partiellemente. La crise par laquelle commence sa nouvelle carrière – inaugure sa conscience de la réalité – est souvent nommée par lui une 'nouvelle naissance', tant elle semble inédite (*fresh*) et étrange" (UNDERHILL, Evelyn, Bergson and the Mystics, *English Review*, v. 10, n. 2 (1912) 511-522 apud Dossiê crítico de *Les deux source*, 581).

tras formas de gênio, notadamente nos músicos. Não é necessário ver nisso mais do que simples acidentes. Aquelas não são a mística, assim como estas não são a música[136].

O êxtase seria, na perspectiva bergsoniana, um estágio da metamorfose e da maturação mística, um estágio que envolveria a "faculdade da visão e da comoção"[137], mas que deixaria de fora o querer. Este precisaria também ser recolocado em Deus para que o místico entrasse na sua fase definitiva, na qual passará a ser instrumento de Deus, sendo então elevado "à condição dos *adjutores Dei*, pacientes no que se refere a Deus, agentes no que se refere aos homens". De início, a necessidade de ação forma-se no místico como "exigência de ensinar os homens"[138], mas, não havendo "como propagar por meio de discursos a convicção que se extrai de uma experiência"[139], não havendo como "exprimir o inexprimível", a verdade que se lhe corre da fonte como uma força atuante será propagada não por simples discursos, mas pelo seu amor à humanidade. Esse amor

> Não prolonga um instinto, não deriva de uma ideia. É uma coisa e outra implicitamente e é muito mais que isso efetivamente. Pois um tal amor está na raiz mesma da sensibilidade e da razão, como do resto das coisas. Coincidindo com o amor de Deus por sua obra, amor que tudo fez, entregaria a quem soubesse interrogá-lo o segredo da criação. É de essência metafísica ainda mais que moral[140].

Quando diz, em relação ao amor místico, que não prolonga um instinto e não deriva de uma ideia, Bergson distingue-o da "fraternidade que os filósofos recomendaram em nome da razão, argu-

136. Bergson, *Les deux sources*, 243.
137. Ibid., 246.
138. Ibid., 247.
139. Ibid.
140. Ibid.

mentando estes que todos os homens participam originalmente de uma mesma essência racional"[141]. A fraternidade como ideia e não como emoção pode levar ao respeito, mas não leva àquele ardor caritativo cuja consumação deu-se justamente como paixão, a paixão do Cristo, seu dom de si, sua entrega por amor à humanidade. A ideia de que seríamos partícipes de uma essência superior e que por vezes se encontra posta pelos filósofos como princípio, só se tornou possível porque houve "místicos para abraçar a humanidade inteira em um único e indivisível amor"[142].

Como se haverá de propagar esse amor? Como o místico empreenderá a sua tarefa de transformar a humanidade? Com quais obstáculos se depara? A transformação, afirma Bergson, só poderá se dar se o misticismo transmitir "passo a passo, lentamente, uma parte de si mesmo"[143]. A transformação a qual o místico gostaria de submeter a humanidade passaria pelo êxito em virar "para o céu uma atenção essencialmente ligada à terra"[144], o que dependeria "da aplicação simultânea ou sucessiva de dois métodos muito diferentes"[145]. O primeiro método seria a libertação da atividade humana por meio do desenvolvimento da mecânica, acompanhada de uma organização política e social capaz de consolidá-la, conduzindo a técnica para a sua melhor destinação[146]. O segundo método seria a comunicação do impulso místico para "um pequeno número de privilegiados que formariam juntos uma sociedade espiritual"[147], de modo a conservar e a continuar o impulso "até o dia em que uma mudança profunda das condições materiais impostas à humanidade pela natureza permitisse, do lado espiritual, uma ra-

141. Ibid.
142. Ibid., 248.
143. Ibid., 249.
144. Ibid.
145. Ibid.
146. Ibid., 249-150.
147. Ibid., 250.

dical transformação"[148]. Foi para atender a essa condição que grandes místicos "consagraram a sua energia superabundante sobretudo a fundar conventos ou ordens religiosas"[149].

2.5. Mecânica, democracia e mística

2.5.1. A essência evangélica da democracia

Vimos que o místico é um indivíduo raro, excepcional. A ele "foi dado escavar primeiro abaixo do adquirido, e depois na natureza, para se recolocar no elã mesmo da vida"[150]. Tal indivíduo gostaria de "arrastar consigo a humanidade"[151], mas generalizar esse contato com o elã não parece possível. O caminho que toma acaba sendo o da transposição superficial do seu estado de alma profundo, a "tradução do dinâmico em estático"[152], passível de ser aceita pela sociedade e talvez tornada definitiva através da educação[153]. Tal empreendimento de renovação moral requer que se leve em conta as "disposições da espécie [que] subsistem imutáveis, no fundo de cada um de nós"[154].

Tanto o moralista quanto o sociólogo[155] precisarão conhecer essa configuração da natureza, se quiserem contorná-la, e um modo de viabilizar esse conhecimento é trocar o estudo da psicologia em geral pela abordagem de um ponto particular: "A natureza humana enquanto predisposta para uma certa forma social"[156]. Para redes-

148. Ibid.
149. Ibid.
150. Ibid., 291.
151. Ibid.
152. Ibid.
153. Ibid.
154. Ibid.
155. Ibid.
156. Ibid.

cobrir esse esquema simples de "uma sociedade humana natural, vagamente prefigurada em nós"[157], é necessário "seguir ao mesmo tempo vários métodos diferentes"[158] que estabelecerão entre si relações de neutralização, reforço, verificação ou correção[159]. Assim é que serão levados em conta os primitivos, "sem esquecer que também neles uma camada de aquisições recobre a natureza [...] observar-se-ão as crianças, sem esquecer [...] que o natural da criança não é necessariamente o natural humano [...], mas a fonte de informação por excelência será a introspecção"[160]. O que se busca com tal método, lembremos, é o "fundo de sociabilidade e também de insociabilidade"[161] que a natureza pôs em nós.

Na sua análise das tendências essenciais da vida social e do modo como essas tendências se revelam no homem, Bergson considerará a existência de um "dimorfismo" psíquico[162]. Haveria um tipo de psiquismo humano orientado para o comando e outro tipo de psiquismo orientado para a obediência. Não se trata, porém, de dois tipos humanos que difeririam entre si, a exemplo do "escravo" e "senhor" concebido por Nietzsche, mas sim de tendências distintas presentes no interior de um mesmo indivíduo. Em uma sociedade grande na qual não tenha havido modificação radical da "sociedade natural", não apenas a classe dirigente "crer-se-á sempre de uma raça superior" como também o próprio povo se mostrará "persuadido dessa superioridade inata"[163], o que se explica pelo referido dimorfismo do homem social, que o faz optar de uma vez só pelo sistema de comando ou pelo sistema de obediência[164]. O instinto de obediên-

157. Ibid.
158. Ibid., 292.
159. Ibid.
160. Ibid.
161. Ibid.
162. Ibid., 296.
163. Ibid., 295.
164. Ibid., 296.

cia "só começa a ceder quando a própria classe superior a isso o convida"[165], seja "através de uma incapacidade evidente, de abusos tão gritantes que desencorajam a fé nela posta", seja quando "estes ou aqueles de seus membros se viram contra ela, muitas vezes por ambição pessoal, algumas vezes por um sentimento de justiça"[166].

Porque o homem tem em si esse duplo instinto de comando e de obediência, a estrutura hierárquica da sociedade será natural e a democracia - que apregoa a igualdade - será contrária à natureza. Assinalando como falsas as democracias edificadas sobre a escravatura, Bergson faz notar que essas tendências naturais da sociedade explicam o porquê de a humanidade ter demorado tanto para alcançar a democracia: "De todas as concepções políticas é ela, na realidade, a mais afastada da natureza, a única que transcende, pelo menos em intenção, as condições da sociedade fechada"[167]. A demora no advento da democracia explica-se pelo seu vínculo com a abertura promovida pelo cristianismo. O ideal democrático é de caráter originariamente religioso, é o eco político do apelo à fraternidade lançado pelo cristianismo:

> Tal é a democracia teórica. Proclama a liberdade, reclama a igualdade, e reconcilia estas duas irmãs inimigas lembrando-lhes que são irmãs, pondo acima de tudo a fraternidade. Se tomarmos nessa perspectiva a divisa republicana, descobriremos que o terceiro termo levanta a contradição tantas vezes assinalada entre os outros dois e que a fraternidade é o essencial: o que permitiria dizer que a democracia é de essência evangélica, e que terá por motor o amor[168].

Como já vimos, Bergson estabelece um vínculo entre o cristianismo e a noção moderna de justiça, mais especificamente na

---

165. Ibid., 299.
166. Ibid.
167. Ibid.
168. Ibid., 300.

forma como esta aparece enquanto ideal de fraternidade universal na *Declaração de Independência dos Estados Unidos da América* e na *Declaração dos Direitos do Homem*, vendo assim na democracia antes uma fórmula que um modelo acabado ou uma organização política realizada:

> As objeções extraídas do que há de vago na fórmula democrática provém do fato de se ter desconhecido o seu caráter originariamente religioso. Como demandar uma definição precisa de liberdade e de igualdade, quando o futuro deve permanecer aberto a todos os progressos, notadamente à criação de condições novas onde se tornarão possíveis formas de liberdade e de igualdade hoje irrealizáveis, talvez inconcebíveis? Tudo o que é possível é traçar quadros, e estes serão cada vez melhor preenchidos se a fraternidade o providenciar. *Ama, et fac quod vis.*

2.5.2. Risco do recrudescimento do fechado e urgência política

Retornando à análise daquelas disposições da espécie que subsistem prefiguradas em nós como disposições sociais determinadas, teremos que uma das mais fortes delas é o instinto guerreiro. "O homem foi feito para sociedades pequenas" e "a própria natureza, que quis sociedades pequenas, abriu, contudo, a porta do seu crescimento. Porque quis também a guerra, ou pelo menos criou para o homem condições de vida que tornavam a guerra inevitável"[169]. É principalmente no instinto guerreiro que esbarram as mais bem intencionadas tentativas de estabelecimento da paz e é para ele que convergem todas as tendências da sociedade fechada e que subsistem na sociedade que se abre:

169. Ibid., 293.

> A dificuldade de suprimir guerras é maior ainda do que imaginam em geral aqueles que não acreditam na sua supressão. [...] Ainda que a Sociedade das Nações dispusesse de uma força armada aparentemente suficiente [...] esbarraria no profundo instinto de guerra que recobre a civilização. [...] A dificuldade é, portanto, muito mais grave. Será vão, todavia, procurar superá-la?[170]

Para que se possa agir contra a guerra, faz-se necessário conhecer a configuração do tipo de sociedade que lhe é coextensiva. O tipo de regime político dessa sociedade que sai das mãos da natureza sustenta-se sobre uma dominação hierárquica e sobre a disciplina. Quanto às relações externas, ela sustenta-se em um nacionalismo forte que tende ao aumento de poder e à tentativa de extermínio do outro. A exclusão, a dominação e a guerra definem a essência do fechado. Tudo isso ainda está aí. O natural não foi superado e a humanidade ainda está fechada, tendendo, portanto, à guerra. Daí a importância e a urgência da política no sentido de tentar encaminhar a humanidade para o tipo de regime que tende à abertura e não ao recrudescimento do seu caráter naturalmente fechado (como exemplo desse recrudescimento podemos citar todas as formas de totalitarismo: nazismo, fascismo, comunismo, fundamentalismo islâmico).

Por que, após tratar da experiência mística no seu aspecto psicológico e após ter mobilizado através dela articulações metafísicas capazes de ressignificar sua própria filosofia, Bergson termina sua última obra com considerações políticas? No contexto de uma filosofia que se pôs a pensar o que seria a gênese da matéria e da inteligência e que apreendeu o sentido da criação por intermédio dos místicos, não seria a política algo quase irrelevante? Ocorre que "o comum dos mortais não tem à sua disposição a força dos místicos"[171].

---

170. Ibid., 306.
171. Worms, *Bergson ou os dois sentidos da vida*, 315.

A vida social se insere em um nível intermediário de existência ou de experiência. A experiência atual da humanidade é um misto de fechado e aberto, de obrigação e aspiração, de estático e místico. Nossa sociedade adquiriu potência através da técnica e nela encontrou seu grande risco e sua maior chance. Nessa sociedade, nessa experiência social real é preciso ter como bússola a distinção entre o fechado e o aberto, a fim de que, mesmo na ausência do místico, possamos seguir na direção de uma abertura. Nesse sentido, a democracia aparecerá como "aspiração mística na própria imanência da política humana"[172], como algo em relação a que não se pode transigir, justamente por se tratar da "única transposição política da mística, que indica ao menos uma direção"[173].

A defesa dos princípios democráticos e a busca da paz no contexto das relações internacionais são atitudes racionais e humanas, atitudes necessárias e esperadas exercidas por alguns *homens de bem*. Atitudes políticas que apontem para isso, por exemplo, a fundação da Sociedade das Nações, na qual o próprio Bergson esteve envolvido, são "traços de abertura entre os homens"[174], formas de atuação no mundo que seguem a aspiração mística de fraternidade, mas que estão inseridas no quadro real de uma sociedade mista e de indivíduos comuns (não místicos ou não santos), que buscam "resolver problemas propriamente humanos sobre o plano misto da inteligência e da técnica"[175].

A distinção entre o fechado e o aberto, que é a tese central do livro, deixa entrever verdadeiros problemas, e estes não são aqueles que ocupam o filósofo, que se perde nas ilusões engendradas pela estrutura própria da inteligência, mas são problemas vitais que se caracterizam "pelo fato de que põem em jogo não

---

172. Ibid., 343.
173. Ibid.
174. Ibid., 344.
175. Ibid.

ideias, sejam elas as do ser ou do nada, mas nossa vida, até sua destinação última, sua origem, sua sobrevivência, a natureza do seu princípio (ou de Deus), a existência do sofrimento (ou do mal), a guerra"[176].

Os falsos problemas ou mesmo os problemas reais que se colocam, entretanto, no âmbito da metafísica não são pensados pelos místicos; os místicos os resolvem internamente, oferecendo, através da sua resolução interna, um direcionamento implícito à reflexão, mas também à ação do filósofo. A relevância recai, então, sobre uma determinada práxis, que pode ser definida como uma necessidade de "superar o fechamento que limita a humanidade e atrai para a guerra, e fazê-la ir em direção à abertura e à paz"[177].

Há dimensões da inteligência e níveis da experiência nas quais a reflexão do filósofo pode atuar paralelamente ao exercício do seu papel social. Há assuntos urgentes que impõem uma reflexão filosófica, e um desses assuntos é a possibilidade de recrudescimento do fechado, aliada ao imenso poder material adquirido pela humanidade. A abertura da sociedade tem sido bastante lenta. A humanidade se lhe opõe duramente, afinal, há uma pressão formidável sobre ela. A vida, em seu sentido biológico, instintual, telúrico, retém a reviravolta espiritual para a qual aponta o misticismo. A superação absoluta do fechado é um fato (pela existência do Cristo) e os outros místicos dão testemunho e força a uma tal abertura. Mas, já que não há possibilidade de aplicação direta da mística à história, há de haver uma sua aplicação indireta por intermédio da democracia, que lhe guarda a essência, além da possibilidade, como veremos, do ascetismo e do desenvolvimento das ciências psíquicas como possíveis substitutos ou preparatórios da mística, capazes de retrair determinados movimentos que atuam como causas racionais da guerra.

---

176. Ibid., 347.
177. Ibid., 359.

2.5.3. Lei de dicotomia e lei de duplo frenesi

Não há, para Bergson, leis que regem as sociedades humanas se por elas entendermos algum determinismo do tipo histórico. Há, porém, leis biológicas que "quiseram" a sociedade configurada de determinada maneira. Sob esse ponto de vista, pode-se dizer que, assim como a evolução do mundo organizado, também a evolução psicológica do homem individual e social se cumpre segundo certas leis e certas forças. Vimos, na obra A *evolução criadora*, que as tendências da vida crescem seguindo direções divergentes, entre as quais se distribuirá a força ou impulso original. Na vida psicológica e social, as tendências assim constituídas por dissociação evoluem no mesmo indivíduo e na mesma sociedade, desenvolvendo-se então sucessivamente:

> Se forem duas, como normalmente acontece, será a uma delas sobretudo que se atenderá para começar; ir-se-á com ela mais ou menos longe, em geral o mais longe possível; depois, com o que se tiver ganho ao longo dessa evolução, voltar-se-á em busca do que se deixou para trás. Esta será por sua vez desenvolvida, enquanto a primeira se verá agora negligenciada, e este novo esforço prolongar-se-á até que, reforçado por novas aquisições, seja possível retomar a primeira tendência, levando-a mais longe ainda[178].

Aquilo que Bergson chama de *lei de dicotomia* é, pois, a realização, por dissociação, de diferentes perspectivas de uma tendência originariamente simples. A *lei de duplo frenesi* consistirá, por sua vez, na exigência imanente a cada uma dessas tendências de ir cada vez mais longe, de realizar-se até um suposto fim, chegando muitas vezes à iminência de uma catástrofe:

> Avançar-se-á assim cada vez mais longe; não se parará muitas vezes a não ser perante a iminência de uma catástrofe. A tendência antagô-

178. Bergson, *Les deux sources*, 314.

nica ocupa assim o lugar que ficou vazio; só, por seu turno, irá tão longe quanto lhes seja possível ir. Será reação, se a outra se chamou ação. Como as duas tendências, se tivessem caminhado juntas, se teriam moderado uma à outra [...] o simples fato de ocupar o lugar comunica a cada uma delas um impulso que pode ir até à exaltação, à medida que os obstáculos vão caindo, tornando-a qualquer coisa de frenético[179].

Bergson verá, então, no excesso de preocupação da humanidade com o conforto e o luxo, na criação sempre renovada de necessidades imperiosas, na corrida pelo bem-estar, um movimento frenético que teria se contraposto ao ideal de ascetismo predominante na Idade Média, período em que o ascetismo concentrado de alguns místicos vulgarizara-se em "indiferença geral frente às condições de existência quotidiana"[180]. Esse movimento promoveria ainda, segundo Bergson, um "progresso por oscilação", já que cada uma das direções tornava-se "enriquecida por tudo o que fora recolhido ao longo da outra"[181]. Assim, embora não se possa determinar nada em relação ao futuro, pode-se supor ou propor, de acordo com o estudo dessas tendências passadas, um redirecionamento da humanidade para uma vida simples.

2.5.4. Vida simples

Ao interpretar as intrigantes passagens supracitadas de Bergson, Frédéric Worms sugere que "o ascetismo é, de algum modo, a preparação prática daquilo de que o místico será a realização perfeita"[182]. Se o crescimento do prazer e a necessidade de luxo suscitam a guerra,

179. Ibid., 315-316.
180. Ibid., 318.
181. Ibid., 319.
182. Worms, *Bergson ou os dois sentidos da vida*, 363.

o encaminhamento da humanidade em direção à austeridade e à simplicidade preparariam a paz e "uma tal reforma moral seria, conforme Bergson, uma preparação humana e intelectual para a possibilidade prática do misticismo"[183]. Para Bergson, o próprio desenvolvimento de algumas ciências poderá apontar cada vez mais para esse caminho. A fisiologia e a medicina revelariam o que há de perigoso e decepcionante na multiplicação e satisfação das nossas necessidades[184]. A carne, por exemplo, apresenta-se hoje aos cientistas como um alimento mais prejudicial que benéfico. O cozimento dos alimentos, diz-se, altera sua constituição física e química, eliminando nutrientes dos quais carecemos. O esclarecimento cada vez maior da ciência em torno de questões como essas promoveria uma "reforma da nossa alimentação" que, por sua vez, "teria repercussões inumeráveis sobre a nossa indústria, o nosso comércio, a nossa agricultura, que se veriam consideravelmente simplificados"[185].

Bergson também faz referência às necessidades sexuais: "As exigências do sentido genésico são imperiosas, mas depressa as esgotaríamos se nos ativéssemos à natureza"[186]. A complicação aqui seria o "apelo ao sentido através da imaginação"[187], que produz uma variedade de significações sexuais em torno de qualquer objeto, característica essa muito marcante que faz da nossa uma *civilização afrodisíaca*. A mulher, segundo Bergson, poderia apressar nesse aspecto a simplificação da vida se optasse por deixar de ser para o homem "o instrumento que ainda é, à espera de vibrar o arco do músico"[188], ou seja, ao se pôr na condição de querer agradar ao homem por meio do apelo sensorial e estético, a mulher exige para si uma quantidade de luxo, produzindo ao mesmo tempo desperdício e inveja. Tudo isso

183. Ibid.
184. Bergson, *Les deux sources*, 320.
185. Ibid., 322.
186. Ibid.
187. Ibid.
188. Ibid.

seria reduzido à inutilidade se a mulher se devotasse a algo maior do que agradar com a sua beleza. Parece, porém, que Bergson, nesse quesito, não leva em conta o aspecto da própria vaidade feminina. Para além dessa questão de gênero, porém, a vaidade é considerada pelo filósofo como um dos grandes acentuadores do luxo: "Quantos pratos são procurados apenas pelo seu preço?"[189]. Por mais que pareça distante algo diferente dessa civilização voltada para o luxo e para o prazer, trata-se aqui de um frenesi transitório e que, provavelmente, convocará um frenesi antagônico. Assim,

> A necessidade sempre crescente de bem-estar, a sede de diversão, o gosto desenfreado do luxo, tudo o que nos inspira uma tão grande inquietação quanto ao futuro da humanidade, porque esta nisso parece descobrir satisfações sólidas, tudo isso se revelará como um balão que furiosamente se enche de ar e que a seguir desinchará também de uma vez só[190].

2.5.5. Mecânica e mística

A multiplicação de necessidades artificiais não é, pois, uma exigência da ciência: "Se assim fosse, a humanidade estaria votada a uma materialidade crescente, porque o progresso da ciência não se deterá"[191]. A ciência, explica Bergson, é distinta do espírito de invenção, embora este se tenha alargado infinitamente após seu encontro com aquela. Também não é no maquinismo ou na indústria enquanto tal que Bergson enxerga problemas. A questão é aquilo que foi pedido à ciência e às máquinas. Não houve ainda um interesse efetivo de pôr ambos a serviço da humanidade no sentido de favorecer "os seus melhores interesses"[192]. Ao invés de buscar pri-

189. Ibid., 323.
190. Ibid.
191. Ibid., 325.
192. Ibid.

meiramente a satisfação das necessidades básicas da maioria ou de todos (se fosse possível), o espírito de invenção "criou uma massa de necessidades novas"[193], "pensou em demasiado no supérfluo"[194], descurou o fato de que "há milhões de homens que não comem o suficiente. E há outros que morrem de fome"[195]. A máquina, portanto, fez pouco "para aliviar o fardo do homem"[196].

A indústria voltou-se a interesses distantes dos serviços mais necessários à humanidade: "De uma maneira geral, a indústria não se preocupou o suficiente com a maior ou menor importância das necessidades a satisfazer. Seguia com facilidade a moda, fabricava sem outro pensamento que não fosse o de vender"[197]. A acusação de Bergson em relação ao maquinismo é a de "ter encorajado excessivamente necessidades artificiais, de ter impelido ao luxo, de ter favorecido as cidades em detrimento do campo"[198], de ter, enfim, complicado freneticamente a existência humana, o que não é, porém, uma fatalidade, mas uma tendência que pode ser revertida, reversão a partir da qual "a máquina não seria então mais que a grande benfeitora"[199].

Não há nenhuma fatalidade que condene o espírito de invenção a continuar o seu frenesi em direção ao luxo e ao bem-estar exagerados, em detrimento da libertação da humanidade de suas necessidades mais fundamentais. Na verdade, explica Bergson, o impulso inicial apontava para esse outro sentido. A impulsão que a humanidade imprimiu originalmente ao espírito de invenção não "seria exatamente na direção que o industrialismo tomou"[200], mas estaria antes ligada àquele eco político da fraternidade difundida pelo cristianismo, a democracia:

193. Ibid., 326.
194. Ibid.
195. Ibid.
196. Ibid.
197. Ibid., 327.
198. Ibid.
199. Ibid.
200. Ibid., 328.

> Ora, não é duvidoso que os primeiros lineamentos do que seria mais tarde o maquinismo se tenham desenhado ao mesmo tempo que as primeiras aspirações à democracia. O parentesco entre as duas tendências torna-se plenamente visível no século XVIII. É impressionante nos enciclopedistas.
> Não deveremos supor, então, que foi um sopro democrático que impeliu em frente o espírito de invenção, tão velho como a humanidade, mas insuficientemente ativo enquanto não lhe foi concedido lugar bastante? Não se pensava, decerto, no luxo para todos, nem no bem-estar para todos sequer; mas para todos podia desejar-se a existência material garantida, a dignidade na segurança[201].

O ideal democrático dinamizara, portanto, o espírito de invenção; e o ideal democrático é, como vimos, de essência evangélica. Indiretamente, pois, foi a mística que impulsionou o espírito de invenção, a despeito dos desvios pelos quais o objeto alcançado não foi o alvo inicialmente visado. Aqui é fundamental a escolha de Bergson pela mística cristã e a ênfase que o filósofo concede ao seu caráter ativo, que se faz representar no exercício da caridade, por meio da qual se difundiu o ideal fraterno. Não por acaso, Reforma, Renascimento e Revolução Científica seriam fenômenos do mesmo período. Tratar-se-ia de "três reações, aparentadas entre si, contra a forma que tomara até esse momento o ideal cristão"[202], ou seja, sobre o caráter predominantemente ascético que tomara a mística cristã impunha-se "o misticismo verdadeiro, completo, atuante [que] aspira a difundir-se, em virtude da caridade que é sua essência"[203]. As origens da mecânica são, portanto, místicas. A mística atrai a mecânica porque, para que o homem possa erguer-se acima da terra, é preciso um ponto de apoio. Esse apoio é a própria matéria. É apoiada sobre ela

201. Ibid.
202. Ibid., 329.
203. Ibid.

que dela a humanidade poderá se desligar. Diante, porém, da incomensurável força material que adquiriu através da técnica, faz-se necessário ao homem a suplementação espiritual equivalente:

> Seriam necessárias novas reservas de energia potencial, desta vez moral. Não nos limitamos, portanto, a dizer, como fazíamos acima, que a mística atrai a mecânica. Acrescentamos que o corpo que cresceu espera um suplemento de alma, e que a mecânica exigiria uma mística. As origens desta mecânica são talvez mais místicas do que poderíamos julgar; e ela só redescobrirá a sua direção verdadeira, só prestará serviços proporcionais à sua potência, se a humanidade, que ela curvou ainda mais em direção à terra, conseguir por meio dela reerguer-se e olhar para o céu[204].

Não apenas a mística atrai a mecânica como também a mecânica atrai a mística. Trata-se de um círculo virtuoso que pede, neste momento, um "suplemento de alma", no sentido de uma potencialização espiritual capaz de fazer frente à enorme potência material adquirida por intermédio da técnica. Se a experiência comum da humanidade insere-se no campo do misto e da inteligência e a experiência mística é uma excepcionalidade – embora nos dê a bússola por meio da abertura religiosa, moral e espiritual que representa –, então é necessário buscar esse "suplemento de alma" em experiências e reflexões humanas. Assim como o engajamento político no sentido de evitar o recrudescimento natural, que são os regimes totalitários, seria uma maneira não mística de permanecer no caminho aberto pelos grandes místicos, a simplificação da vida por um leve ascetismo e o desenvolvimento da ciência do espírito ou ciências psíquicas seriam também um modo não místico de relançar a humanidade no caminho da abertura. Este último caminho poderia "converter em realidade viva e atuante uma crença no

---

204. Ibid., 331.

além que se encontra na maior parte dos homens, embora permaneça na maioria das vezes verbal, abstrata, ineficaz"[205]. As estimativas da ciência sobre o além poderiam promover uma reviravolta espiritual semelhante àquela que provocaria a experiência mística, porque triunfando sobre a morte, triunfaríamos sobre o prazer ao qual buscamos tão avidamente:

> Na verdade, se estivéssemos certos, absolutamente certos de sobreviver, não poderíamos pensar em outra coisa. Os prazeres subsistiriam, mas baços e descoloridos, porque a sua intensidade não passa da atenção que neles fixamos. Empalideceriam como a luz das nossas lâmpadas ao sol da manhã. O prazer seria eclipsado pela alegria. Alegria seria, com efeito, a simplicidade de vida que propagaria no mundo uma intuição mística difusa, alegria ainda, o que se seguiria a uma visão do além numa experiência científica alargada[206].

2.6. Sociedade aberta: Karl Popper ou Henri Bergson?

2.6.1. Popper, Voegelin e Bergson

Muitas vezes, a complexidade do real impõe que o filósofo não apenas remaneje conceitos já estabelecidos como também os crie. No caso de Henri Bergson, isso se torna ainda mais imprescindível, uma vez que o dinamismo e a profundidade do que ele almeja alcançar e explicar dificilmente se deixaria capturar e transmitir em moldes conceituais preestabelecidos.

Desde sua primeira obra até a última, a filosofia de Bergson é uma luta constante do pensamento contra os seus limites, seja no seu exercício próprio, seja na exposição daquilo que esse esforço intelectual logrou alcançar. Não surpreende, pois, que no seu último livro,

---

205. Ibid., 338.
206. Ibid..

único no qual ele se volta para questões políticas e sociais, tenham sido criados conceitos profundos e profícuos que só posteriormente passariam a fazer parte do vocabulário sociológico e político. Um desses conceitos, porém, teve inusitado destino: ganhou popularidade a partir de uma sua deturpação filosófica e tornou-se quase um clichê na boca de alguns liberais. Referimo-nos à noção de sociedade aberta.

O termo em questão foi empregado pela primeira vez por Bergson, em *Les deux sources de la morale et de la religion* (1932), mas foi *The open society and its enemies* (1945), de Karl Popper, que deu fama à expressão. Foi sob influência desta última abordagem, e não da de Bergson, que o termo "sociedade aberta" passou a ser utilizado praticamente como sinônimo de democracia ou de uma ordem social científica, racional, livre, tolerante, inclusiva, pluralista e humanista. O termo acabou abarcando quase todos os valores fundamentais defendidos pelo mundo livre, mas o que ganhou em extensão perdeu em profundidade, aproximando-se do senso comum à custa da perda do seu valor filosófico. Defendem alguns eruditos que esse empobrecimento conceitual começou justamente a partir da apropriação feita por Popper.

Embora Bergson tenha concebido originalmente o conceito que dá título a uma de suas principais obras, Popper só lhe faz referência em poucas notas de rodapé, em comentários sempre críticos, adaptando algumas noções bergsonianas da forma como melhor lhe convém. Isso não passou despercebido a um dos maiores filósofos políticos contemporâneos: instado por Leo Strauss a tecer algum comentário sobre Popper, de cuja palestra ele não teve uma boa impressão[207], Eric Voegelin proferiu-lhe duras críticas.

---

207. "Permita-me que eu peça que o senhor diga em algum momento o que pensa do Sr. Popper. Ele deu uma palestra aqui a respeito da tarefa da filosofia social, que foi abaixo do desprezível; foi o positivismo mais aguado e sem vida tentando parecer valentão, associado a uma total incapacidade de pensar 'racionalmente', ainda que se tentasse passar por racionalismo – foi muito ruim. Não consigo imaginar que esse homem jamais tenha escrito qualquer coisa que valha a pena ler, e ainda assim

Após um introito pouco lisonjeiro – no qual ironiza os que põem A *sociedade aberta e seus inimigos* em seu caminho, como se se tratasse de uma obra-prima da ciência social, e no qual se queixa das muitas horas que perdeu cumprindo o dever profissional de ler o referido livro –, Voegelin passa a elencar alguns pontos que o levaram a considerar a referida obra como um "lixo diletante e descarado"[208]. O primeiro aspecto pontuado por ele diz respeito justamente à deturpação do conceito bergsoniano:

> As expressões "Sociedade Aberta" e "Sociedade Fechada" foram tiradas de *Deux sources*, de Bergson. Sem explicar as dificuldades que levaram Bergson a criar esses conceitos, Popper os usa porque lhe soam bem; [ele] comenta de passagem que em Bergson eles tinham um "sentido religioso", mas que ele vai usar o conceito de sociedade aberta de modo mais próximo ao da "Grande Sociedade" de Graham Wallas ou da de Walter Lippmann. Talvez eu seja sensível demais a essas coisas, mas eu não creio que filósofos responsáveis como Bergson desenvolvam seus conceitos só para que a ralé da cantina possa ter alguma coisa para estragar. Daí vem também o problema relevante: se a teoria de Bergson da sociedade aberta é filosófica e teoricamente viável (em que eu efetivamente acredito), então a ideia de Popper da sociedade aberta é uma bobagem ideológica. Só por essa razão ele deveria ter discutido o problema com todo o cuidado possível. O desprezo impertinente pelas realizações em sua área de investigação particular, que se torna evidente no que diz respeito a Bergson, permeia a obra inteira[209].

O desprezo de Voegelin por Popper é proporcional à sua admiração por Bergson, a quem considera "um dos restauradores da ciência política em seu sentido clássico, após sua destruição pelo

---

parece que temos o dever profissional de familiarizar-nos com as suas produções. Será que o senhor poderia me dizer algo a respeito? – se quiser, guardarei suas palavras para mim" (*Fé e filosofia. A correspondência entre Leo Strauss e Eric Voegelin (1934-1964)*, trad. Pedro Sette-Câmara, São Paulo, É Realizações, 2017, 94).

208. Ibid., 95.

209. Ibid.

positivismo, utilitarismo e pelas ideologias nacionalistas e progressistas dos séculos XIX e XX"[210]. Conforme explica Thierry Gontier, em artigo intitulado *The open society, from Bergson to Voegelin*, a leitura que fez de Bergson possibilitou a Voegelin "esclarecer seu próprio pensamento histórico, que só havia sido esboçado nas obras da década de 1930, e que encontraria sua plena expressão nos três primeiros volumes de *Ordem e história*"[211].

As noções bergsonianas de abertura moral e sociedade aberta foram fundamentais para a construção da filosofia da história de Voegelin, donde a sua irritação em relação à deturpação conceitual perpetrada por Popper, uma vez que o sentido religioso da distinção entre sociedade fechada e sociedade aberta lhe é essencial. Voegelin irá comparar, inclusive, a era axial descrita por Karl Jaspers[212] à descrição que Bergson faz do surgimento da sociedade aberta, sob o impulso dos grandes profetas, filósofos e místicos, vendo em Bergson a fonte original dessa ideia, embora também ela esteja comprometida pela negligência de Jaspers em relação à contribuição judaico-cristã, considerada por Bergson como o apogeu do movimento espiritual da antiguidade[213].

---

210. "Voegelin frequently proclaims his admiration for Bergson. He views him as one of the restorers of political science, in its classic sense, following its destruction by the positivist, utilitarian, progressive and nationalist ideologies of the nineteenth and twentieth centuries. Bergson most often features within a list comprised mainly of Christian thinkers. [...] Voegelin deplores the fact that this genuinely 'great philosopher', heir to the great spiritualists, should receive such limited recognition, in the world of the intellectuals" (Gontier, Thierry, The open society, from Bergson to Voegelin, *Annual Meeting Paper*, APSA (2012)).

211. "Combined with an understanding of Toynbee and Jaspers, his reading of Bergson will make it possible for Voegelin to clarify his own historical thinking, which had only been sketched out in the works of the 1930s, and which would find its full expression in the first three volumes of *Order and history*" (Ibid.).

212. Jaspers define "era axial" como o período no qual houve um profundo despertar moral na história da humanidade, em três diferentes regiões do mundo: China, Índia e Ocidente.

213. "Voegelin, who is already familiar with *A study of history* by Toynbee, identifies the Jasperian 'Axial Age' with the period, described by Bergson, which saw the

Para Bergson, a história da humanidade é a história da busca por uma sociedade aberta, que passa necessariamente pela abertura das almas individuais a Deus. Essa abertura de alma individual tem uma ressonância coletiva, sendo a sociedade aberta um projeto ainda por realizar. Para Voegelin, a história da humanidade é a história da sociedade aberta, no sentido em que é regulada pela abertura da humanidade à transcendência, fornecendo o pano de fundo sobre o qual a historicidade pode ser implantada[214]. Apesar das diferenças sutis, para ambos a abertura da sociedade está intrinsecamente relacionada a uma relação com o divino, o religioso, o transcendente, o espiritual ou o místico: exatamente o aspecto descartado por Popper, embora este não deixe de mostrar a grande compatibilidade que existe entre o cristianismo e o que entendeu por sociedade aberta.

A fim de facilitar a comparação entre a noção de sociedade aberta em Popper e em Bergson, reproduzimos abaixo a nota introdutória na qual Popper admite a originalidade do conceito de Bergson e explica que utilizou a distinção bergsoniana entre sociedade fechada e sociedade aberta, abrindo mão da feição religiosa que lhe é característica. Foi a essa nota que Voegelin fez referência na sua carta a Strauss:

> As expressões "sociedade aberta" e "sociedade fechada" foram usadas pela primeira vez, ao que me parece, por Henri Bergson em *As*

---

emergence of the open society under the impetus of the great prophets, philosophers and mystics, seeing Bergson as the source for both Toynbee and Jaspers. Moreover, Bergson corrects Jaspers, who has neglected the Judeo-Christian contribution, seeing in the latter as the apogee of the spiritual movement of antiquity" (Ibid.).

214. "The open society is not, consequently in the first instance a moral ideal, nor is it an end that is obtainable in history. It is, writes Voegelin, a fact – that is, an anthropological fact. When Voegelin writes that the history of human society is the open society (adding 'Bergson's, not Popper's'), he does not mean that history is the history of the appearance, or construction of, the open society, but rather that history is regulated by the openness of human existence to transcendence. The open society thus has a primarily transcendental value: it provides the background upon which historicity may be deployed" (Ibid.).

duas fontes da moral e da religião. A despeito de considerável diferença (devida à focalização essencialmente distinta de quase todos os problemas da filosofia) entre a forma pela qual Bergson e eu utilizamos as referidas designações, existe também certa similitude que eu não queria deixar de reconhecer (cf. a caracterização que Bergson faz da sociedade fechada em que a define como a "sociedade humana recém-saída das mãos da natureza"). Eis aqui, entretanto, a diferença principal. Em minha obra, essas expressões indicam, por assim dizer, uma distinção racionalista; a sociedade fechada se acha caracterizada pela crença nos tabus mágicos, enquanto a sociedade aberta é aquela em que os homens aprenderam até certa extensão, a ser críticos com relação a esses tabus, baseando suas decisões na autoridade de sua própria inteligência (depois da devida análise). Bergson parece pensar, pelo contrário, numa espécie de distinção religiosa. Isso explica por que razão pode considerar a sociedade aberta como o produto de uma intuição mística, enquanto eu sugiro que o misticismo pode ser interpretado como expressão do anseio pela perdida sociedade fechada e, portanto, como uma reação contra o racionalismo da sociedade aberta[215].

Popper tem consciência de que focaliza quase todos os problemas da filosofia de modo essencialmente distinto de Bergson e – talvez por senti-lo tão antagônico a si na maioria desses problemas e na sua visão de mundo fundamental – optou por abordar de modo superficial a obra da qual retirou a noção de sociedade aberta, que acabou mais ligada ao seu próprio pensamento do que ao do filósofo que originalmente a concebeu. Além disso, Popper desconsiderou em bloco as contribuições de Bergson na área que lhe era mais cara, a teoria do conhecimento e a filosofia da ciência.

A forma relapsa e crítica com que Popper trata o pensamento de Bergson pode ser explicada tanto pela sua fé na razão e na

215. Popper, Karl, *A sociedade aberta e seus inimigos*, São Paulo, Edusp, 1974, v. 1, nota à introdução.

ciência quanto pela sua rejeição às visões de mundo religiosas e espiritualistas, tidas por ele na conta de irracionalismos. Nos últimos capítulos do segundo volume de *A sociedade aberta e seus inimigos*, Popper faz a defesa do seu racionalismo crítico contra aquilo que entende por irracionalismo, analisando as consequências sociais e políticas da adoção de um ou outro ponto de vista.

Segundo Popper, "o conflito entre racionalismo e irracionalismo se tornou o mais importante problema intelectual, e talvez, mesmo moral, de nosso tempo"[216]. Ao tratar do que entende por filosofia oracular e por revolta contra a razão, Popper lança críticas veladas a Bergson ao descrever como provavelmente um irracionalista defenderia o irracionalismo[217]. Referindo-se de modo pejorativo à "pequena minoria criadora dos homens"[218], aos "poucos indivíduos excepcionais"[219] que seriam "dirigentes da humanidade"[220], Popper distorce significativamente o que Bergson entende por grandes homens de bem, interpretando-os no sentido do autoritarismo que ele condena. Mais adiante, a referência a Bergson é direta:

> Um irracionalismo oracular estabeleceu (especialmente com Bergson e a maioria dos filósofos e intelectuais alemães) o costume de ignorar ou de pelo menos deplorar a existência de um ser tão inferior como um racionalista. Para eles, os racionalistas – ou os 'materialistas', como muitas vezes dizem – e especialmente o racionalista cientista, são os pobres de espírito, dedicados a atividades amplamente mecânicas e desprovidas de alma, completamente alheios aos mais profundos problemas do destino humano e de sua filosofia[221].

---

216. Ibid., 231.
217. Ibid., 235.
218. Ibid., 236.
219. Ibid.
220. Ibid.
221. Ibid., 237.

Chama atenção nessa citação a equiparação de Bergson à "maioria dos filósofos e intelectuais alemães", representantes do que ele entende por irracionalismo oracular, quando a concepção que Bergson tem da razão humana aproxima-se bem mais do racionalismo crítico defendido por Popper do que este esteve disposto a aceitar.

Popper alega ainda que há uma dependência da filosofia bergsoniana em relação a Hegel que não teria sido suficientemente reconhecida[222], chegando a relacionar "a transubstanciação do hegelianismo em racismo ou do espírito em sangue"[223] ao que seria, segundo a sua compreensão, o resultado de "uma religião materialista e ao mesmo tempo mística de uma essência biológica que se autodesenvolve, muito de perto reminiscente da religião da evolução criativa cujo profeta foi o hegeliano Bergson"[224].

Ora, assim como Popper, Bergson também advoga um uso modesto e crítico da razão, louvando seu valor ao mesmo tempo em que reconhece seus limites. Não nos parece, pois, que a classificação de Bergson como irracionalista tenha alguma serventia além da tentativa de depreciá-lo. Ademais, é contraditório que Popper ora classifique Bergson como irracionalista, ora o considere um hegeliano, sem falar na contradição que é utilizar Schopenhauer (esse sim um irracionalista/voluntarista metafísico convicto) como autoridade principal a corroborar as suas críticas ao idealismo hegeliano e citar depois nominalmente apenas Bergson como representante de "irracionalismo oracular" que conviria criticar[225].

---

222. Ibid., nota 25 do capítulo 12.

223. Ibid., 65.

224. Ibid., 69.

225. Para um estudo comparativo entre as filosofias de Schopenhauer e Bergson, conferir ROCHAMONTE, Catarina, Por uma crítica bergsoniana à metafísica da vontade de Schopenhauer, *Pensando – Revista de Filosofia*, v. 8, n. 15 (2017); ID., Henri Bergson, metafísica e moralidade para além do voluntarismo ontológico, *Kalagatos – Revista de Filosofia*, v. 11, n. 21 (2014) e ID., Schopenhauer e Bergson, in: CARVALHO, Ruy de; COSTA, Gustavo; MOTA, Thiago (org.),

Quando Popper define racionalismo, ele está falando primeiramente sobre bom senso, razoabilidade, modéstia e tolerância[226], e não há como discordar que é nesse terreno que deve repousar a política e que essas características são necessárias ao exercício democrático. Popper aponta constantemente a falibilidade da razão e a deficiência das construções teóricas que se valem do estímulo racional para alçar voos especulativos descolados da realidade. Ocorre que isso é perfeitamente compatível com a filosofia de Bergson. O que não é compatível é a recusa de Popper em aceitar a extrapolação do racional, como se o racional, limitado como o é, fosse o último recurso humano, fosse a última instância, o último estágio.

Analisar as semelhanças e diferenças entre o conceito de sociedade aberta em Popper e em Bergson está longe de ser um mero exercício exegético que só tem importância para um restrito círculo acadêmico. Se filósofos mais visitados pela direita política, como Eric Voegelin e Leo Strauss, reabilitaram contra Popper o conceito originalmente bergsoniano, também filósofos mais visitados pela esquerda, a exemplo de Emmanuel Levinas e Jacques Maritain, não

---

Nietzsche-Schopenhauer. Ecologia cinza, natureza agônica, Fortaleza, EdUECE, 2013. (Coleção *Argentum Nostrum*).

226. "O racionalismo é uma atitude de disposição a ouvir argumentos críticos e a aprender da experiência. É fundamentalmente uma atitude de admitir que 'eu posso estar errado e vós podeis estar certos, e, por um esforço, poderemos aproximar-nos da verdade. É uma atitude que não abandona facilmente a esperança de que, por meios tais como a argumentação e a observação cuidadosa, se possa alcançar alguma espécie de acordo sobre muitos problemas de importância, e que, mesmo onde as exigências e os interesses se chocam, é muitas vezes possível discutir a respeito das diversas exigências e propostas e alcançar – talvez por arbitramento – um entendimento que, em consequência de sua equidade, seja aceitável para a maioria, se não para todos. Em suma, a atitude racionalista, ou, como talvez possa rotulá-la, a 'atitude da razoabilidade', é muito semelhante à atitude científica, à crença de que na busca da verdade precisamos de cooperação e de que, com a ajuda da argumentação, poderemos a tempo atingir algo como a objetividade" (POPPER, *A sociedade aberta e seus inimigos*, 232).

foram menos influenciados pelo pensamento político presente em *Les deux sources*. Talvez isso signifique que há no conceito de "sociedade aberta" criado por Bergson algo muito importante que a filosofia de Popper deixou escapar e que convém resgatar.

Não se trata, porém, apenas de optar pelo conceito bergsoniano em detrimento do conceito popperiano, mas revisitá-los, tendo diante de nossos olhos os desafios contemporâneos. A sociedade aberta de Bergson repousa sobre o amor; a de Popper se apoia sobre a racionalidade[227]. Bergson, com o seu humanismo teocêntrico, alarga o conceito; Popper, com seu humanismo antropocêntrico, o reduz. Confrontar essas duas perspectivas parece imprescindível quando temos diante de nós ameaças concretas, que ambos entenderiam como recrudescimento, como o regresso ao primitivismo das sociedades fechadas. A guerra está aí; o fundamentalismo religioso, o fanatismo político e a barbárie também. Se a sociedade aberta é algo que ainda está por vir ou algo que já arriscamos perder, é o que se pode discutir; mas a urgência em nos direcionarmos a ela é algo que já não cabe negar.

2.6.2. Popper x Bergson

Apesar de as ideias de base de um Estado de Direito terem sido formuladas por pensadores antigos e medievais, a consolidação desse tipo de Estado, próprio das democracias liberais, pressupõe certa concepção de ordem social, cujo paradigma se baseia no que se

---

227. "De manière générale, la société ouverte selon Bergson repose sur l'amour; celle de Popper s'appuie sur la rationalité. Pourtant l'un et l'autre s'entendent pour décréter qu'il s'agit d'une société démocratique et non pas totalitaire. Leurs perspectives illustrent deux types singuliers de sociétés ouvertes. Cependant, l'une et l'autre ont des limites: Bergson maximise trop le concept de société ouverte, alors que Popper le minimise à l'excès. Ces deux modèles antagonistes méritent donc d'être pris en compte et analysés" (Lee, Han Goo, *La société ouverte et ses nouveaux ennemis*, trad. Nicole G. Albert, *Diogène*, n. 248 (2014) 49-58, aqui 50).

convencionou chamar de "ordem espontânea". Essa ordem – que se fundamenta na liberdade individual, tem por corolário o pluralismo e está intrinsecamente ligada ao sentido lato de sociedade aberta – remete inicialmente à tomada de consciência da diferença entre ordem natural e ordem social, que teve início com os primeiros pensadores gregos, e mais especialmente com os sofistas[228].

Nas sociedades primitivas, a única ordem existente é aquela desejada pelos deuses: a ordem social é, ao mesmo tempo, natural e sacral. Essa ordem é imutável, não passível de melhoria, de alteração; ela é, portanto, imune ao progresso, só tornado possível a partir da ruptura com a visão mítico-mágico-religiosa[229], que se deu com o advento da filosofia e da *pólis* grega, com a valorização do logos, da reflexão, da substituição da força bruta pela força da palavra, do argumento, da crítica racional, do apelo às leis escritas, ao diálogo e aos debates dos problemas sociais e políticos na ágora. Em tal contexto, os costumes e as obrigações deixam de ser tomados como algo absolutamente natural e necessário, e a ordem social passa a ser questionada:

> Os homens podem mudar as leis, transgredir os tabus, sem que o céu desabe sob suas cabeças. Pode-se comparar os costumes, os sistemas constitucionais, as leis. [...] Pela distinção assim feita entre *physis* e *nomos*, ordem natural e ordem artificial, humana, os pensadores gregos – dos sete sábios da Grécia aos sofistas da segunda metade do séc. V a.C. – tornaram possível uma demarcação crítica e com ela a aparição de uma racionalidade científica, da ciência política e da ação política no sentido moderno, ou seja, a ação que visa a modelar deliberadamente as regras da vida social[230].

---

228. Nemo, Philippe, *Histoire des Idées Politiques aux Temps Modernes et Contemporains*, Paris, Quadrige/PUF, 2002, 16-18 passim.

229. Ibid.

230. "Les hommes peuvent changer les lois, transgresser des tabous, sans que 'le ciel leur tombe sur la Tête'. On peut comparer les coutumes, les systèmes constitutionnels, les lois. On peut décider d'améliorer ceux que la cité où l'on vit

Essa passagem do pensamento mítico para o pensamento racional, da tribo para a cidade, da tirania para a democracia corresponde, no pensamento de Popper, ao passo fundamental dado em direção à sociedade aberta. Ao mesmo tempo que admite a semelhança entre o sentido do seu conceito de sociedade fechada e o de Bergson, Popper enfatiza o caráter racional da distinção entre esta e a sociedade aberta, salientando e refutando o caráter religioso da distinção estabelecida pelo filósofo francês.

Para Popper, portanto, a razão é suficiente para a abertura da sociedade[231] e a distinção religiosa proposta por Bergson a partir de uma intuição mística seria apenas uma recaída na visão supersticiosa própria das sociedades fechadas[232]. Embora seja possível es-

---

en s'appuyant sur des modèles rencontrés ailleurs. Par la distinction ainsi faite entre *physis*, ordre naturel, et *nomos*, ordre artificiel, humain, les penseurs grecs – des 'Sept sages de la Grèce' aux sophistes de la seconde moitié du ve siècle avant J.C. – ont rendu possible la *démarche critique*, et de là l'apparition de la *rationalité scientifique*, de la 'science politique' et de l' 'action politique' au sens moderne, c'est-à-dire l'action qui vise à modeler délibérément les règles de la vie social" (Ibid., 17).

231. "Popper fondait sa définition sur une 'distinction rationnelle' et non plus, comme Bergson, sur une 'distinction religieuse', comme si, à l'entendre, il n'était pas besoin de s'élever si haut pour que les sociétés s'ouvrissent. La raison avait suffi, avant même que ne résonne la parole de l'Evangile, 'L'Athènes de Péricles' était dèjá un modèle de societé ouverte, que son contraste avec Sparte, l'ennemie, rendait plus manifeste encore. Pour avoir rompu avec le tribalisme des sociétés closes, elle opérait à ses yeux, dès le Ve siècle avant J.-C, le premier grand tournant qui la fit paraître dans l'histoire des hommes" (RIQUIER, Camille, La Clôture de l'Europe, *Esprit*, n. 445 (2018) 48-60, aqui 48).

232. "Dans la célèbre note de l'introduction de *La société ouverte et ses ennemis*, Popper compare sa conception de la société close et de la société ouverte à celle de Bergson dans *Les deux sources de la morale et de la religion*. Il est frappant de voir que, s'il reconnaît 'une certaine similitude' entre sa société close et celle de Bergson, il considère en revanche que leurs distinctions respectives des deux types de société ouverte diffèrent profondément: la sienne est, selon lui, une distinction 'rationaliste' en ce sens que, dans la société ouverte, 'les hommes ont appris à être, dans une certaine mesure, critiques à l'égard des tabous', alors que celle de Bergson est une distinction 'religieuse"' la société ouverte étant chez lui 'le produit d'une intuition mystique'. La distinction est, pour Popper, si radicale,

tabelecer alguns pontos comuns entre a antropologia e a sociologia desenvolvidas pelos dois filósofos, a comparação do pensamento de ambos traz à tona uma divergência fundamental: a sociedade aberta de Bergson seria uma sociedade fechada para Popper e a sociedade aberta de Popper, uma sociedade fechada para Bergson.

Sem negar o enorme passo dado pela humanidade por ocasião da transição do pensamento mítico para o pensamento filosófico, convém buscar clareza em relação ao nível no qual se dá a clivagem estabelecida pelo pensamento racional. Se Bergson e Popper concordam com o caráter biológico da sociedade fechada[233], deduz-se que, para ambos, a sociedade aberta é aquela na qual as imposições naturais foram superadas, na qual foi possível transcender a natureza. Que isso seja possível tão somente pela expansão de uma racionalidade crítica é um desdobramento do pensamento de Popper que, de modo algum, se aplica à filosofia bergsoniana.

Embora no Brasil quase não haja estudos concernentes à análise comparativa entre as noções de sociedade aberta em Popper e Bergson, na França esse é um debate comum. Didier Delsart, por exemplo, autor da tese *La notion de "société ouverte" chez Bergson et Popper*, considera um erro a interpretação mais comum de que Popper tomou de Bergson a noção de sociedade aberta e lhe deturpou

---

qu'il n'hésite pas à interpréter le mysticisme comme 'une expression de la nostalgie de l'unité perdue de la société close et donc comme une réaction contre le rationalisme de la société ouverte' – ce qui revient, à peu de chose près, à nier le caractère *ouvert* de la société ouverte de Bergson et donc à en faire, aussi paradoxal que cela puisse paraître, une forme de société close" (DELSART, Didier, Société close et société ouverte chez Bergson et Popper. Opposition ou complémentarité? *Éthique, politique, religions, Classiques Garnier, Sociétés fermées et sociétés ouvertes, de Bergson à nos jours*, n. 7 (2015) 97-118. 2. *Sociétés fermées et sociétés ouvertes, de Bergson à nos jours*).

233. "Le point d'accord fondamental entre Bergson et Popper sur la société close, c'est son caractère biologique. *Or, c'est précisément par rapport à ce caractère naturel ou biologique de la société close que la distinction entre le clos et l'ouvert prend tout son sens.* L'ouvert est ce qui instaure, vis-à-vis de cette forme naturelle de société une rupture" (Ibid.).

o sentido. Ele defende que, ao colocar a referida noção no centro de sua obra principal, Popper estava convencido de ser o inventor do conceito e, tão logo tomou conhecimento de que Bergson havia usado a expressão antes dele, fez questão de explicitar a diferença entre ambos[234].

Ora, Bergson não é um autor qualquer, mas um insigne, reconhecido e renomado filósofo. Não é aceitável que um pensador, ao se dar conta, por acaso, de que a expressão que pretende usar como título de sua obra principal já foi criteriosamente utilizado por um filósofo anterior, tome isso como um fato irrelevante, passível de ser resolvido com uma nota de rodapé.

De todo modo, a questão levantada por Delsart é interessante: como se explica que, partindo de conceitos similares de sociedade fechada e levando-se em conta que a noção de sociedade aberta se constitui em oposição àquela, Bergson e Popper tenham chegado a noções tão radicalmente diferentes de sociedade aberta?[235] Sua explicação é que ambos partiram de problemas diferentes em vista dos quais enfatizaram aspectos distintos da sociedade fechada.

---

234. "On a l'habitude, concernant Bergson et Popper, de souligner que le second emprunte au premier la notion de 'société ouverte' en la détournant de son sens. C'est une erreur: au moment où il met cette notion au centre de La société ouverte et ses ennemis, Popper est persuadé d'être l'inventeur de la notion. Lorsqu'il apprend que Bergson en a fait usage avant lui, il marque la différence entre les deux sociétés ouvertes tout en reconnaissant une similitude entre les deux sociétés closes" (DELSART, Didier, *La notion de "société ouverte" chez Bergson et Popper*, Tese de Doutorado em Filosofia, Etude des Systèmes Lyon, Lyon, Université Jean Moulin Lyon 3, 2018, 50).

235. "La question que l'on peut poser à partir de là est celle de savoir comment des conceptions aussi proches de la société close – 'la société humaine quand elle sort des mains de la nature', expression bergsonienne que Popper reprend – peuvent conduire à des conceptions *a priori* aussi différentes de la société ouverte. Car si la notion de 'société ouverte', comme son nom l'indique, est conçue à partir de son opposition à la société close, on voit mal comment deux conceptions 'similaires' de la société close pourraient conduire à deux conceptions radicalement différentes, voire opposées, de la société ouverte" (DELSART, Didier, Société close et société ouverte chez Bergson et Popper).

Duas características das sociedades fechadas – o exclusivismo guerreiro e o holismo conservador – seriam encontradas na definição de ambos os filósofos, sem que lhes fosse dada a mesma relevância. Enquanto Bergson partiria do problema da origem da moral, Popper teria partido do problema do historicismo e de suas ligações com o totalitarismo[236].

Tanto para Bergson quanto para Popper, as sociedades primitivas ou tribais se caracterizam por atitudes mágicas no que diz respeito aos costumes e à rigidez da vida social; os costumes são vistos como tão inelutáveis quanto os círculos da natureza. As sociedades primitivas, como já foi referido acima, se caracterizam pela ausência de distinção entre as regras sociais e as regras naturais, donde decorre a obediência como um automatismo. Tendo em vista o problema do totalitarismo ao elaborar sua noção de sociedade fechada, Popper teria sido conduzido a enfatizar esse automatismo da obediência.

Outra característica da sociedade fechada é a disciplina diante do inimigo. Embora tal característica não esteja ausente em *The open society*, Delsart faz notar que Popper só a menciona *en passant*, enquanto Bergson, ao contrário, a enfatiza[237]. Segundo ele, Bergson teria sido levado a enfatizar esse segundo aspecto por ter partido

236. "Chez Bergson comme chez Popper, les notions de 'société close' et de 'société ouverte' sont élaborées à partir d'un problème, d'ailleurs très différent dans les deux cas. Ce problème est celui de l'origine de la morale chez Bergson, celui de l'historicisme et de ses liens avec le totalitarisme chez Popper" (Ibid.).

237. "L'autre modalité, que Bergson désigne par l'expression de 'discipline devant l'ennemi', sans être absente de *La société ouverte et ses ennemis*, n'est toutefois mentionnée qu'en passant. [...] Or, en partant du problème de l'origine de la morale pour élaborer la notion de 'société close', Bergson est amené à en définir l' 'essence' par ce second aspect. Si l'instinct primitif, qui donne sa force à la morale, est un instinct de guerre, une société originelle comprendra nécessairement certains individus et en exclura d'autres, considérés comme des ennemis, réels ou potentiels. Au contraire, en élaborant la notion de 'société close' à partir d'un problème différent, celui de l'interprétation du totalitarisme, Popper est amené à privilégier la première modalité du caractère biologique de la société close ori-

do problema da origem da moral: o instinto guerreiro é um instinto primitivo, que dá força à moral. Sendo assim, toda sociedade abrangerá certo número de indivíduos e excluirá outros, considerado um inimigo em potencial. Essa tendência de exclusão seria, para Bergson, característica essencial da sociedade fechada.

Dessa diferença de ênfase ao analisar a sociedade fechada decorreria a distinção do conceito de "sociedade aberta" na obra dos dois filósofos: a sociedade racionalista de Popper se oporia ao fechamento da rotina e do automatismo, abrindo-se para a discussão e a crítica; a sociedade mística de Bergson se oporia ao fechamento de um grupo exclusivo, abrindo-se para a humanidade inteira[238].

O processo de racionalização da sociedade tem lugar de grande relevância na análise bergsoniana, mas não equivale a uma ruptura com a forma natural da sociedade, tal como se dá em Popper[239]. Uma sociedade civilizada não é uma sociedade primitiva, mas ambas são, para Bergson, sociedades fechadas. A civilização recobre o natural como uma espécie de verniz; mas esse verniz importa bastante: é nos hábitos, na linguagem, nas instituições, na cultura que estão depositadas as conquistas das almas abertas que fizeram a humanidade avançar; é pela educação, pela formação moral que elas são transmitidas.

É, pois, no plano da racionalidade que as forças de pressão e aspiração se encontram; é na inteligência que a moral fechada e a moral aberta podem se encontrar. A inteligência "permite elevarmo-nos

---

ginelle, à savoir la forme routinière de l'obéissance, dont on trouve une forme de nostalgie dans les tendances totalitaires" (Ibid.).

238. "Se dessinent alors deux modalités de la société ouverte: la première, que l'on peut, à la suite de Popper, qualifier de *rationaliste*, s'oppose à la clôture de la routine ou de l'automatisme: elle ouvre à la discussion et à la critique; la seconde, que l'on peut, à la suite de Bergson, qualifier de *mystique*, s'oppose à la clôture du groupe exclusif: elle s'ouvre à l'humanité tout entière" (Ibid.).

239. "Il n'y pas, ici, de rupture avec la forme naturelle de la société humaine. En se concentrant sur le problème de l'origine de la morale, Bergson est amené à faire une place à la modalité rationaliste de l'ouverture, mais non pas à en faire un *critère* de la société ouverte – comme ce sera le cas chez Popper" (Ibid.).

acima do instinto, e portanto escapar do fechamento, sem, no entanto, nos permitir dar o salto até o aberto, que exigiria uma emoção criadora"[240]. O fechamento e a abertura são duas tendências da vida; o fechado e o aberto são dois limites extremos. O que há, na prática, é uma moral, uma sociedade e uma religião mista.

Em interessante artigo intitulado *Bergson et l'ouverture inachevée*, Ghislain Waterlot ressalta a importância de considerar as diferenciações existentes no interior da noção de sociedade aberta, a fim de "distinguir claramente entre a aspiração a uma sociedade (radicalmente) aberta e a realidade concebível de tal 'sociedade' sob as condições que são as da vida em nosso planeta"[241]. Embora a plena abertura só possa ser realizada em poucos indivíduos excepcionais, a religião mista insere a mística na realidade social e política, dando lugar a uma entreabertura caracterizada pela aspiração à fraternidade[242].

Essa aspiração à fraternidade, que aparece na última obra de Bergson como produto do contágio do espírito de abertura inerente à mística, aproxima-se do ideal humanitário e humanista defendido por Popper. É plausível, portanto, apontar uma convergência entre os dois pensadores, embora essa convergência seja mais prática do que teórica, mais política do que filosófica.

A questão prática que se coloca a partir da noção bergsoniana de sociedade aberta diz respeito à possibilidade de difusão indi-

---

240. "L'intelligence nous permet ainsi de nous élever au-dessus de l'instinct, et donc d'échapper à la clôture, sans pour autant nous permettre de faire le 'saut' jusqu'à l'ouvert, qui exigerait une émotion créatrice" (Ibid.).

241. "[...] On a souvent négligé de considérer les différenciations nécessaires à l'intérieur même de la notion de 'société ouverte', et de bien distinguer l'aspiration à la *société (radicalement) ouverte* et la réalité envisageable d'une telle 'société' dans les conditions qui sont celles de la vie sur notre planète" (WATERLOT, Ghislain, Bergson et l'ouverture inachevée, *Éthique, politique, religions*, v. 7, n. 2 (2015) 15-40. 2. *Sociétés fermées et sociétés ouvertes, de Bergson à nos jours*).

242. "Par la 'religion mixte' les sociétés humaines ont pu passer de la solidarité organique à l'aspiration à la fraternité. Socialement, seule l'entrouverture est une réalité et la pleine ouverture qui peut être réalisée chez de rares personnes singulières ne peut être qu'une espérance dans les collectivités" (Ibid.).

reta da mística, da difusão do impulso necessário para manter a sociedade entreaberta, tendendo cada vez mais à abertura e cada vez mais distante do primitivismo das sociedades fechadas. Nesse contexto prático ganham relevância a religião mista (a religião estática investida do impulso sobrevindo da religião dinâmica) e a mecânica ou a indústria (ponto de apoio para libertar o homem da escravidão da matéria, para virar a atenção humana da terra para o céu).

Há um ponto de encontro entre a via mística e a realidade concreta. Esse ponto corresponde à entreabertura possibilitada pela razão, pela inteligência. A inteligência é um ponto de tensão entre o fechamento e a abertura, mas não um ponto de ruptura com a natureza. Se Popper relaciona o humanismo a uma fé na razão, Bergson, por sua vez, o relaciona àquilo que a razão e a sociedade puderam alcançar por intermédio de homens de fé. De todo modo, a abertura vertical e transcendente de Bergson, representada pela mística e que caracteriza o seu humanismo teocêntrico, possui interseção com a abertura horizontal de Popper, representada pelo liberalismo e que caracteriza seu humanismo antropocêntrico.

Não é incomum que comentadores franceses, especialistas em Bergson, critiquem na noção de sociedade aberta de Popper justamente a sua redução ao liberalismo ou ao que chamam pejorativamente de "neoliberalismo"[243]. Frédéric Worms, por exemplo, organizador da primeira edição crítica das obras de Bergson, assim se expressa, juntamente com Camille Riquier, na introdução ao dossiê n. 445 da revista *Esprit*, "La société ouverte?": "A abertura não pode ser reduzida ao liberalismo, especialmente em sua versão ex-

243. "Plus gravement encore, en politique, certains se représenteront la société ouverte comme une absence de règles, et ils la confondront même, parfois, avec le marché sans principes, qui est defendu par certains économistes (ceux qu'on dit 'néo-libéraux')" (WORMS, Frédéric, L'ouverture Réelle, *Esprit*, n. 445, 2018, 40-47).

trema que alimenta as guerras, e a sociedade aberta não pode ser reduzida ao mercado"[244].

O risco desse tipo de abordagem é forçar uma aproximação de Bergson em direção a uma visão política simpática ao socialismo, o que de modo algum é o caso. É válido o diagnóstico de Worms de que há um mal-entendido em torno da sociedade aberta, de que há uma lacuna entre a profundidade dessa noção e os discursos que a veiculam. É interessante a sua constatação de que falar apenas em "inimigos" da sociedade aberta, como Popper faz, é um tanto simplista, sendo preferível falar em "obstáculos" à sua concretização. Ele também está correto quando afirma que, sendo o fechamento uma força vital, a tendência à abertura deve encontrar outros recursos para se lhe opor, além da razão crítica e da discussão livre proposta por Popper. A forma, porém, como arremata essas reflexões deixa patente seu desprezo pelo liberalismo, o qual acusa, injustamente, até de nutrir e reforçar a guerra, como se pode constatar na citação a seguir:

> A guerra nos coloca diante de um obstáculo antropológico. E Bergson (com Freud) foi mais longe nesse ponto do que todos os seus sucessores, Popper, por exemplo, e até Levinas. Porque Popper vê por trás da sociedade fechada os teóricos que devem ser refutados, e faz com que a abertura consista em sua crítica e discussão livre. Quer pensemos como Bergson ou não, quer acreditemos como ele que a guerra se refere a um instinto da espécie (pela finitude da vida) e sua superação a uma superação da espécie em alguns grandes homens de bem, deve-se reconhecer que o fechamento é uma força vital e que a abertura deve encontrar outros recursos para

244. "Un écart [...] entre la profundeur de l'idée de la société ouverte et les discours qui la portent aujourd'hui. [...] Il y a un malentendu possible. L'ouverture ne saurait se réduire au libéralisme, surtout dans sa version extrême et qui nourrit les guerres, et la societé ouverte ne se réduit pas au marché" (Riquier, Camille; Worms, Frédéric. La société ouverte? Introduction, *Esprit*, n. 445, (2018) 38-39).

se lhe opor. E se a sociedade aberta de Popper e a ética de Levinas não bastam, isso seria menos verdade ainda para a sociedade sem regras do neoliberalismo, que, longe de abolir a guerra, ou mesmo simplesmente se referir a ela, a nutre e a reforça, através de uma concorrência feroz irresponsavelmente posta como o primeiro princípio[245].

Não se nega que a sociedade aberta de Popper tenha se tornado mais um alicerce ideológico para o discurso liberal. Deplora-se, porém, que uma depreciação prévia do liberalismo seja utilizada como ferramenta para criticar a noção popperiana de sociedade aberta. Do fato de o liberalismo ser insuficiente não segue que ele não seja uma etapa necessária. Ademais, o que Bergson patenteia em *As duas fontes* é que a ideia de fraternidade universal, que implica a igualdade de direitos e a inviolabilidade da pessoa, presentes como princípios nos Direitos do homem, proclamados nas revoluções liberais americana e francesa, é a continuação indefinida daquilo que começou com o ensino do Evangelho[246].

---

245. "La guerre nous met en effet devant un obstacle anthropologique. Et Bergson (avec Freud) est allé plus loin sur ce point que tous ses successeurs, Popper, par exemple, et même Levinas. Car Popper voit derriére la société close des théoriciens qu'il faut réfuter, et fait consister l'ouverture dans leur critique et la discussion libre. [...] qu'on la pense comme Bergson ou non, qu'on croie comme lui que la guerre renvoie à un instinct de l'espèce (dû à la finitude de la vie) et son dèpassement à un dépassement de l'éspece chez certains grands hommes de bien, il faut reconnaître que la clôture est une force vitale et que l'ouverture doit trouver d'autres ressources pour s'y opposer. Et si la société ouverte de Popper et l'éthique de Levinas n'y sauraient suffire, ce serait encore moins vrai de la société sans règles du néoliberalisme qui, loin d'abolir la guerre, ou même simplement de s'y référér, la nourrit et la redouble elle aussi, par une compétition acharnée posée de manière irresponsable comme principe premier" (Worms, L'ouverture Réelle).

246. "Il fallut attendre jusqu'au christianisme pour que l'idée de fraternité universelle, laquelle implique l'égalité des droits et l'inviolabilité de la personne, devînt agissante. On dira que l'action fut bien lente: dix-huit siècles s'écoulèrent, en effet, avant que les Droits de l'homme fussent proclamés par

O que pesa contra Popper nessa polêmica é a superficialidade de sua filosofia social, quando comparada àquela já desenvolvida pelo filósofo que ele optou por menosprezar. Bergson – que viveu o período entre guerras e participou de importantes missões diplomáticas nesse contexto – apresenta em sua última obra, se não um pessimismo, pelo menos um realismo que contrasta com o tom predominantemente otimista de sua filosofia, deixando claro, em *As duas fontes*, a fragilidade do progresso humano até então realizado e ainda por realizar: "A humanidade geme, meio esmagada sob os pés do progresso que fez"[247], escreveu Bergson em 1932, antes de a tragédia do holocausto esmagar efetivamente o povo judeu; antes de seres humanos serem transformados em estátuas carbonizadas por uma bomba atômica.

A desilusão de Bergson quanto ao progresso humano através da razão se mostra na análise do desvio de finalidade do mecanicismo. A destinação da técnica era libertar o ser humano do jugo da necessidade material, mas a falta de um "suplemento de alma" capaz de equilibrar o gigantesco desenvolvimento tecnológico provocou o trágico desvio. Enquanto Bergson, antes das maiores catástrofes políticas do século XX, já as previa e lhe diagnosticava as causas, Popper, após a concretização delas, ainda insistia na razão como único remédio para enfrentá-las.

O mundo industrializado constitui, de fato, uma conquista da liberdade humana no uso da sua inteligência, mas a civilização intelectualista, materialista e "afrodisíaca" optou – com essa mesma liberdade – por desviar essa conquista por um caminho nefasto. Caterina Zanfi, no artigo *La société entre nature et raison: la thèse vitaliste de Bergson*, faz notar acertadamente que uma polaridade en-

---

les puritains d'Amérique, bientôt suivis par les hommes de la Révolution française. Elle n'en avait pas moins commencé avec l'enseignement de l'Évangile, pour se continuer indéfiniment" (Bergson, *Les deux sources de la morale et de la religion*, 78).

247. Bergson, Henri, *As duas fontes da moral e da religião*, Maringá, Almeida, 2005, 338.

tre natureza e razão ou entre natureza e cultura dificilmente se aplicaria à filosofia de *As duas fontes*[248]. Explica ela que "[Bergson] não opõe, por um lado, uma natureza instintiva, pulsional e cega a uma civilização portadora de valores morais, liberdade e progresso", assim como não postula "um estado de natureza idealmente positivo, fonte de valores genuínos e autênticos, contra uma civilização responsável por sua corrupção"[249].

Analisar criticamente os rumos tomados por uma civilização que se desenvolveu demais materialmente sem uma evolução ético-moral que lhe correspondesse não equivale a considerar a civilização sob o prisma de uma mera decadência utilitarista que precisaria ser contraposta por um retorno à natureza. Não há, em Bergson, nostalgia do primitivo, mas anelo por aquilo que o supera; superação essa que não é possível apenas pela razão. O passo decisivo de ruptura com o natural egoísmo, com o natural instinto de guerra, o passo fundamental de abertura da moral foi um ato de amor, foi a paixão de Cristo pela humanidade. Todos os outros atos de criação moral subsequentes são devedores desse ato originário de abertura plena.

2.6.3. Bergson e Popper: espírito e razão

O pensamento racional não abstrai o homem da natureza, embora o abstraia de si mesmo, apartando-o do instinto e estabele-

---

248. "La polarité entre nature et raison ou entre nature et culture s'appliquerait ainsi très difficilement à la philosophie des *Deux Sources*. La pensée de Bergson n'est pas effleurée par l'idée d'opposer nature et culture, dans les deux sens que cela peut assumer" (Zanfi, Caterina, La société entre nature et raison. La thèse vitaliste de Bergson, *Éthique, politique, religions*, n. 7 (2015) 41-56. 2. *Sociétés fermées et sociétés ouvertes, de Bergson à nos jours*).

249. "Il n'oppose pas, d'une part, une nature instinctive, pulsionnelle et aveugle à une civilisation porteuse de valeurs morales, de liberté et de progrès, tout comme il n'y a pas selon lui d'état de nature idéalement positif, source de valeurs génuines et authentiques, contre une civilisation responsable de sa corruption" (Ibid.).

cendo um espaço não necessário de ação. O que a razão vem trazer inicialmente é a possibilidade de resposta não automática, estabelecendo, por meio da liberdade, o mundo social.

A sociedade, embora formada por indivíduos livres, é uma demanda da natureza. A vida, nas suas duas principais linhas evolutivas, tende à sociabilidade. Nas sociedades humanas, a coesão social é obtida por meio do hábito, da ação rotineira, ordinária, e da obrigação moral, que pesa sobre os indivíduos como instinto sobre os animais. A razão não é algo estranho à natureza, mas algo que lhe é, de certa forma, imanente. A transcendência humana, aquilo que liga o homem ao divino, ao sobrenatural, ao real (lembrando que, para Bergson, o real é de essência psíquica), não é a sua inteligência, sua racionalidade, sua reflexão, mas a potência que a faz manifesta: o espírito.

O espírito não pode ser reduzido ao intelecto, porque o intelecto está voltado para o inerte, enquanto o real está sempre em movimento, em constante evolução. A única forma de alcançar o movimento da vida é se pôr em contato com ele a partir daquilo que em nós também é dinâmico, ou seja, através daquilo que somos realmente, através da nossa duração. Essa duração é o eu interior e o contato dele com a fonte mantenedora da vida é o que Bergson chama de "intuição mística". Classificar essa intuição como mera fantasmagoria, como uma construção alegórica própria da religião estática, é desconhecer a reflexão bergsoniana na sua profundidade.

A sociedade aberta não pode ser alcançada pela razão humana pelo simples fato de que a razão humana é uma etapa necessária da própria sociedade, que se fecha em si mesma e que só pode se abrir por intermédio da emoção criadora, da qual são capazes as almas privilegiadas que alcançaram o sentido último da existência: a santidade. Os santos, os místicos ou os grandes homens de bem, os exitosos imitadores do Cristo, são aqueles que tornam possível o amplexo fraterno que se estende a todos indistintamente; não por meio de uma reflexão, de uma ponderação; não por meio de um dever, ainda que sagradamente cumprido, mas por meio de um sentimento que, em última análise, é o próprio Deus: o amor.

Deus é amor: eis a fórmula cristã. Não uma fórmula abstrata, uma derivação conceitual, uma expressão vazia, mas uma verdade metafísica da qual dão testemunho todos aqueles que foram capazes de viver suas vidas segundo as máximas do Cristo; máximas essas que transvaloraram a religião estática, que abriram a moral fechada, que alargaram e aprofundaram a noção de justiça e que, sobretudo, entusiasmaram outras almas que sentiram ressoar em si mesmas aquilo que é a essência mais íntima de todos os seres.

Que se tome isso como um delírio ou fantasia é direito que assiste a qualquer um, mas é mister interpretar o conceito de sociedade aberta dentro desse escopo, caso se queira traduzir bem o pensamento bergsoniano. A apropriação do conceito com a sua posterior deterioração tem como consequência a perda de preciosos instrumentos de análise que possibilitam aquilatar o valor moral de uma dada sociedade.

Porque todas as sociedades são naturalmente fechadas, embora haja nelas uma tendência à abertura, faz-se necessário avaliar as instâncias políticas, jurídicas, educacionais e religiosas, tendo em vista sua tendência para a abertura moral que, conforme foi dito, não se dá completamente senão em determinados indivíduos. Uma alma pode se abrir; uma sociedade pode sofrer o influxo dessa alma que se abre. A abertura moral em sua plenitude foi realizada por Jesus, e é por isso que as sociedades que sofreram o influxo do cristianismo evoluíram moralmente muito mais do que aquelas que ainda renegam os seus elevados ensinamentos.

Disso se pode tirar várias conclusões. No que diz respeito à análise comparativa entre a sociedade aberta de Karl Popper e a sociedade aberta de Henri Bergson, convém notar que o mundo ocidental não logrou êxito moral por levar a racionalidade até o seu paroxismo. O desenvolvimento da técnica (a razão voltada para a matéria) e da política (a razão voltada para o bem comum) não colocou a humanidade no caminho idealizado de uma fraternidade universal. Pelo contrário, tivemos lances dramáticos nos quais a técnica foi usada para o extermínio em massa e a política, transformada em prática totalitária.

Disso não se segue que a racionalidade não seja uma instância adequada para o exercício da moralidade e para a prática política. Ela o é, mas não é sua fonte. Por paradoxal que possa parecer, Bergson e Popper se encontram, de algum modo, na práxis. Ambos têm em mente as democracias liberais do Ocidente como regimes políticos superiores. Bergson, porém, as interpreta como o tipo de fechamento menos traumático ou como o tipo de regime político mais próximo de uma abertura jamais plenamente realizada.

Mesmo que o ciclo esteja fechado do ponto de vista social, a sociedade pode continuar a evoluir, em uma espécie de espiral, pela abertura de alma de alguns indivíduos. Popper, porém, considerando a razão humana como última instância, fecha o ciclo evolutivo do indivíduo e considera como aberta toda sociedade na qual o racionalismo crítico venceu o que ele entende por irracionalismo: a abertura total seria a ampliação dos valores das democracias liberais para todo o globo. Nesse caso, não haveria, então, criação moral, uma vez que o passo fundamental já foi dado.

A polêmica, pois, parece resolvida: a sociedade aberta de Popper fecha-se na racionalidade política do Ocidente. A sociedade fechada de Bergson começa a se abrir apoiada nela.

Capítulo III

ENTRE FILOSOFIA E ESPIRITUALIDADE

3.1. Filosofia como modo de vida: Foucault, Hadot e Bergson

3.1.1. Foucault: espiritualidade, filosofia e o período moderno da história da verdade

Nos cursos ministrados no *Collège de France*, editados com o título de *Hermenêutica do sujeito*, Michel Foucault revisita a história da filosofia sob a óptica da história das práticas da subjetividade. Assim como Heidegger utilizou como chave interpretativa da história do pensamento ocidental o "esquecimento do Ser", pode-se dizer, em analogia com o pensador alemão, que Foucault lê na referida obra a mesma história, de modo mais concreto, como esquecimento do cuidado consigo. De fato, a inquietação que anima os seus cursos de 1981-1982 poderia ser expressa na pergunta posta já na primeira aula: "Por que, a despeito de tudo, a noção de *epiméleia heautoû* (cuidado de si) foi desconsiderada no modo como o pensamento, a filosofia ocidental, refez sua própria história?"[1].

1. FOUCAULT, Michel, *Hermenêutica do sujeito*, trad. Márcio Alves da Fonseca, Salma Tannus Muchail, São Paulo, Martins Fontes, [2]2006, 15. (Tópicos).

Segundo Foucault, a noção de cuidado de si, que ocupara um lugar de destaque na cultura antiga, foi sendo gradativamente substituída por outra noção que lhe era subordinada, o "conhece-te a ti mesmo" (*gnôthi seautón*)[2]. Sua análise aponta dois momentos que foram cruciais para que a balança na qual se equilibram as duas noções pendesse finalmente para o lado do "conhece-te a ti mesmo". Esses momentos teriam se dado no interior das argumentações platônicas e cartesianas. Para compreender bem esses dois "momentos" convém nos determos um pouco nas definições dadas por Foucault dos termos *filosofia* e *espiritualidade*:

> Chamemos de Filosofia, se quisermos, esta forma de pensamento que se interroga, não certamente sobre o que é verdadeiro e sobre o que é falso, mas sobre o que faz com que haja e possa haver verdadeiro e falso. Chamemos "filosofia" a forma de pensamento que se interroga sobre o que permite ao sujeito ter acesso à verdade, forma de pensamento que tenta determinar as condições e os limites do acesso do sujeito à verdade. Pois bem, se a isto chamarmos "filosofia", creio que poderíamos chamar de "espiritualidade" o conjunto de buscas, práticas e experiências tais como as purificações, as asceses, as renúncias, as conversões do olhar, as modificações de existência etc., que constituem não para o conhecimento, mas para o sujeito, para o ser mesmo do sujeito, o preço a pagar para ter acesso à verdade[3].

É, pois, no modo como se dá, na filosofia e na espiritualidade, a relação entre sujeito e verdade que Foucault identifica a diferença fundamental entre ambas:

---

2. "Parece-me que a noção de *epiméleia heautoû* acompanhou, enquadrou, fundou a necessidade de conhecer-se a si mesmo não apenas no momento de seu surgimento no pensamento, na existência, no personagem de Sócrates. Parece-me que a *epiméleia heautoû* (o cuidado de si e a regra que lhe era associada) não cessou de constituir um princípio fundamental para caracterizar a atitude filosófica ao longo de quase toda a cultura grega, helenística e romana" (Ibid., 12).

3. Ibid., 19.

A espiritualidade postula que a verdade jamais é dada de pleno direito ao sujeito. A espiritualidade postula que o sujeito enquanto tal não tem direito, não possui capacidade de ter acesso à verdade. Postula que a verdade jamais é dada ao sujeito por um simples ato de conhecimento. [...] Postula a necessidade de que o sujeito se modifique, se transforme, se desloque, torne-se em certa medida e até certo ponto, outro que não ele mesmo, para ter direito ao acesso à verdade. A verdade só é dada ao sujeito a um preço que põe em jogo o ser mesmo do sujeito. Pois, tal como ele é, não é capaz de verdade. [...] Deste ponto de vista não pode haver verdade sem conversão ou sem uma transformação do sujeito. [...] Para a espiritualidade, a verdade [...] é o que ilumina o sujeito; a verdade é o que lhe dá beatitude; a verdade é o que lhe dá tranquilidade de alma. Em suma, na verdade e no acesso à verdade, há alguma coisa que completa o próprio sujeito, que completa o ser mesmo do sujeito e que o transfigura. Resumindo, acho que podemos dizer o seguinte: para a espiritualidade, um ato de conhecimento, em si mesmo, jamais conseguiria dar acesso à verdade se não fosse preparado, acompanhado, duplicado, consumado por certa transformação do sujeito, não do indivíduo, mas do próprio sujeito no seu ser de sujeito[4].

Embora em Sócrates e Platão a questão filosófica do acesso à verdade não se desvincule da espiritualidade, é justamente aí que paradoxalmente se desenvolverá, segundo Foucault, o clima de racionalidade que irá permitir ao conhecimento avançar como conhecimento puro. Isso porque é no platonismo que o conhecimento de si é apresentado como a forma mais bem-acabada do cuidado de si. Para ter acesso à verdade o sujeito precisa, de fato, transformar-se; porém, transformar-se em sujeito de conhecimento. Estão dadas, então, as condições para que a história da verdade venha posteriormente entrar no período moderno:

4. Ibid., 19-21.

> Pois bem, se fizermos agora um salto de muitos séculos, podemos dizer que entramos na idade moderna (quero dizer, a história da verdade entrou no seu período moderno) no dia em que admitimos que o que dá acesso à verdade, as condições segundo as quais o sujeito pode ter acesso à verdade, é o conhecimento e tão somente o conhecimento. [...] Creio que a idade moderna da história da verdade começa no momento em que o filósofo (ou o sábio, ou simplesmente aquele que busca a verdade), sem que mais nada lhe seja solicitado, sem que seu ser de sujeito deva ser modificado ou alterado, é capaz, em si mesmo e unicamente por seus atos de conhecimento, de reconhecer a verdade e a ela ter acesso. [...] Desde que, em função da necessidade de ter acesso à verdade, o ser do sujeito não esteja posto em questão, creio que entramos numa outra era da história das relações entre subjetividade e verdade[5].

A partir de então, sendo a verdade algo circunscrito pelas possibilidades (ou impossibilidades[6]) do sujeito do conhecimento, o êxito de sua posse dependerá exclusivamente do uso de um bom método; daí que o que Foucault chamou de "momento cartesiano" tenha sido decisivo na história do esquecimento do preceito do cuidado de si. Com Descartes, o conhecimento de si é não apenas requalificado como também, diríamos, superficializado. O si não é mais algo a ser conhecido, muito menos cuidado. O si é uma evidência posta como ponto de partida de um método. Tomando-se a evidência do *cogito* como "princípio de acesso ao ser", esse conhe-

5. Ibid., 22-23.

6. Foucault explica que o fato de dizer que na modernidade o que permite atingir a verdade é o próprio conhecimento não significa, obviamente, que essa verdade seja obtida sem condição. Diz ele: "Essas condições são agora de duas ordens e nenhuma delas concerne à espiritualidade. Por um lado, há condições internas do ato de conhecimento e regras a serem por ele seguidas para ter acesso à verdade: condições formais, condições objetivas, regras formais do método, estruturas do objeto a conhecer. De todo modo, porém, é do interior do conhecimento que são definidas as condições de acesso do sujeito à verdade" (Ibid., 22).

cimento de si, em toda a sua superficialidade, é tomado por fundador do procedimento filosófico.

Se o si mesmo é, de início, identificado com a consciência reflexiva e dado por evidente, já não se fazem necessárias as técnicas espirituais relacionadas ao cuidado de si de que nos fala Foucault[7]. Se o si identifica-se com a consciência e ali se esgota, se ele é tão óbvio que a sua obviedade deve servir de ponto de partida para a posse de qualquer conhecimento seguro, então já não há razões para que esse conhecimento se volte sobre si mesmo, já não interessa o autoexame, já não faz sentido o trabalho sobre a formação subjetiva de si mesmo para além das formas de subjetivação que nos foram impostas. Se o si já está dado, não há nada a desbravar no interior da subjetividade, e a filosofia, alheia à gama de práticas espirituais que desde sempre fizeram parte da busca interior da verdade, restringe-se à prática de bem conduzir sua razão a fim de obter uma certeza. Se o ponto de partida é a alma, e nessa alma óbvia, evidente, sem profundidade já não há o que pesquisar, o interesse intelectual volta-se para aquilo que seria supostamente o outro da alma: a totalidade do universo material.

Esse universo será, então, abordado com o rigor matemático que, embora remonte na sua forma pura à antiguidade grega, atinge o clímax na descoberta da possibilidade de sua aplicação no estudo dos fenômenos naturais. É assim que, para Bergson, com a possibilidade de uma redução mecanicista na abordagem da natureza, a totalidade do universo material em toda a sua complexidade vital passaria a ser pensado como uma grande máquina na qual deveriam engrenar-se, inclusive, os corpos vivos em geral e o corpo do

---

7. Foucault cita, dentre outras técnicas espirituais, o retiro em si mesmo (*anakhoresis*), a concentração da alma, os ritos de purificação, as práticas de resistência, o exame dos atos e das intenções, a prática da escrita epistolar e o conhecimento de si advindo dessa atividade entre amigos, a rememoração dos preceitos do mestre, o exame das relações da dietética com os estados de ânimo etc.

homem em particular[8]. A biologia, mesmo precisando lidar com algo não redutível à matéria, manteria sua filiação a esse instinto de precisão advindo do gênio grego e "também gostaria de, por intermédio da fisiologia, reduzir as leis da vida às da química e da física, ou seja, indiretamente, da mecânica, de modo que, definitivamente, nossa ciência tende sempre para o matemático, como para um ideal: visa essencialmente a medir"[9].

O embaraço do cientista ante aquilo que não é mensurável e que não se adapta muito bem ao método com o qual julga poder obter suas certezas deve-se, entre outras coisas, à direção tomada pela ciência moderna a partir do momento em que as "cabeças pensantes" da época se deram por satisfeitas com a obviedade do espírito e conduziram suas pesquisas para o estudo da matéria, retirando da matemática "tudo o que pudesse dar para o conhecimento do mundo em que vivemos"[10].

Nesse contexto, o problema mal posto e mal resolvido por Descartes da relação entre corpo e alma passa a ser abordado pelos cientistas com os métodos de observação e experimentação externa de que tradicionalmente dispõem, limitação que requer uma identificação com pensamento e cérebro, já que seu método de pesquisa desenvolveu-se tão somente para a análise daquilo que é material. A filosofia do séc. XVII, por sua vez, não apresentará, segundo Bergson, nada diferente da hipótese do paralelismo rigoroso entre corpo e alma, hipótese essa "deduzida muito naturalmente dos princípios gerais de uma metafísica concebida, pelo menos em grande parte, para dar um corpo às expectativas da física moderna"[11].

---

8. Bergson, Henri, A alma e o corpo, in: Id., A *energia espiritual*, 39.
9. Ibid., 71.
10. Ibid., 82.
11. Ibid., 39.

3.1.2. Prazer e alegria

Vimos que Foucault, crítico contumaz da noção moderna de sujeito, apresenta, a seu modo, a relação que existe entre filosofia e espiritualidade. Ele o faz através do resgate, na história da filosofia, de um estilo de vida, de uma maneira de viver que ele chamou de *cuidado de si*. Mas o *si mesmo* continua à espera de cuidados e, enquanto espera, padece. Não há religião ou metafísica que console a quem não se conheceu, não se destruiu, não se conquistou, não se tornou aquilo que é. "Conhece-te a ti mesmo", "cuida de ti mesmo", "torna-te quem tu és". Tais preceitos são, sem dúvida, um passo importante na nossa busca por desbravar caminhos capazes de religar a filosofia à espiritualidade, porque não há como seguir esse caminho sem empenhar nisso a própria existência. Mas seria esse caminho apenas uma "arte de vida"? O resgate das *práticas de si* presentes na antiguidade faz realmente sentido dentro de uma perspectiva totalmente estética, hedonista, imanente, materialista e acósmica como a de Michel Foucault? A resposta de Pierre Hadot é negativa:

> Parece difícil, de um ponto de vista histórico, admitir que a prática filosófica dos estoicos e dos platônicos tenha sido apenas uma relação consigo, uma cultura de si, um prazer obtido em si mesmo. O conteúdo psíquico desses exercícios me parece totalmente diferente. O sentimento de pertencimento a um Todo me parece ser um elemento essencial: pertencimento ao Todo da comunidade humana, pertencimento ao Todo cósmico. Sêneca resume isso em quatro palavras (carta LXVI,6): "*Toti se inserens mundo*" ("mergulhando na totalidade do mundo"). [...] Ora, uma tal perspectiva cósmica transforma de uma maneira radical o sentimento que se pode ter de si mesmo [12].

---

12. Hadot, Pierre, *Exercícios espirituais e filosofia antiga*, São Paulo, É Realizações, 2014, 295.

Tanto no prefácio de *O uso dos prazeres* quanto em um capítulo de *O cuidado de si*, Foucault evoca o artigo de Pierre Hadot, intitulado *Exercícios espirituais*. Hadot converge com Foucault na constatação de que a filosofia moderna havia "se tornado quase exclusivamente um discurso teórico"[13], mas diverge dele em algumas opções filosóficas fundamentais. Segundo Pierre Hadot, a descrição que Foucault faz daquilo que ele (Hadot) havia denominado *exercícios espirituais* e que ele (Foucault) preferiu chamar de *técnicas de si* "está demasiadamente centrada sobre o 'si' ou, ao menos, sobre certa concepção do eu"[14].

Mais do que um simples estudo histórico, o que Foucault pretende com a sua interpretação das *práticas de si* é oferecer ao homem contemporâneo um determinado estilo de vida que ele chamou de *estética da existência*. Hadot, entretanto, aponta uma inexatidão na exposição feita por Foucault da "ética do mundo grego como uma ética do prazer que se obtém em si mesmo"[15] e, na explicação da inexatidão cometida, cita a distinção entre prazer e alegria obliterada por Foucault e destacada por Bergson:

> Na carta XXIII, Sêneca opõe explicitamente *voluptas* e *gaudium*, o prazer e a alegria, e não se pode então falar, como faz Foucault, a propósito da alegria, de uma "outra forma de prazer". Não se trata somente de uma questão de palavras, ainda que os estoicos tenham atribuído a isso uma grande importância e que tenham cuidadosamente feito a distinção entre *hèdonè* e *eupathéia*, precisamente entre prazer e alegria (reencontrar-se-á a distinção em Plotino e em Bergson, este último associando alegria e criação). Não, não se trata somente de uma questão de vocabulário: se os estoicos se atêm à palavra *gaudium*, à palavra alegria, é porque se recusam, precisamente,

13. Ibid., 291.
14. Ibid., 292.
15. Ibid.

a introduzir o princípio do prazer na vida moral. A felicidade para eles não consiste no prazer, mas na própria virtude, que é para si mesma a própria recompensa[16].

Na filosofia de Bergson, a distinção entre alegria e prazer também não se reduz a uma questão de vocabulário. Ela serve de critério, inclusive, para a distinção entre a moral de pressão e a moral de aspiração. O sentimento de dever cumprido, próprio da obrigação moral, está mais próximo do prazer, ao passo que a emoção e o entusiasmo, próprio da moral de aspiração, estaria mais próximo da alegria[17]. O prazer pode ser obtido no cumprimento da obrigação social, na prática regular da "moral da cidade"[18], mas a alegria é o sentimento da alma que recupera a plenitude do seu elã. O prazer está ligado à conservação da vida, enquanto a alegria está ligada ao seu triunfo na criação:

> Os filósofos que especularam sobre o significado da vida e sobre o destino do homem não observaram bem que a própria natureza se deu ao trabalho de informar-nos sobre isso: avisa-nos por meio de um sinal preciso que nossa destinação foi alcançada. Esse sinal é a alegria. Estou falando da alegria, não do prazer. O prazer não passa de um artifício imaginado pela natureza para obter do ser vivo a conservação da vida; não indica a direção em que a vida é lançada. Mas a alegria

16. Ibid.

17. "Le sentiment qui caractériserait la conscience de cet ensemble d'obligations pures, supposées toutes remplies, serait un état de bien-être individuel et social comparable à celui qui accompagne le fonctionnement normal de la vie. Il ressemblerait au plaisir plutôt qu'à la joie" (Bergson, *Les deux sources de la morale et de la religion*, 49).

18. "Celui qui pratique régulièrement la morale de la cité eprouve ce sentiment de bien-être, commun à l'individu et à la société, qui manifeste l'interference des résistances matérielles les unes avec les autres. Mais l'âme qui s'ouvre, et aux yeux de laquelle les obstacles matériels tombent, est toute à la joie. Plaisir et bien-être sont quelque chose, la joie est davantage" (Ibid., 57).

sempre anuncia que a vida venceu, que ganhou terreno, que conquistou uma vitória: toda grande alegria tem um toque triunfal[19].

A filosofia bergsoniana, portanto, não apenas resgata o aspecto espiritual da filosofia antiga como também apresenta algo próximo de uma "estética da existência", que, entretanto, não é tida por definitiva:

> [...] se em todos os âmbitos o triunfo da vida é a criação, não devemos supor que a vida humana tem a sua razão de ser em uma criação que, diferentemente daquela do artista e do cientista, pode prosseguir a todo momento em todos os homens: a criação de si por si, o engrandecimento da personalidade por um esforço que extrai muito do pouco, alguma coisa do nada e aumenta incessantemente a riqueza que havia no mundo? Vista de fora, a natureza parece como uma imensa florescência de imprevisível novidade; a força que a anima parece criar com amor, para nada, pelo prazer, a variedade infinita das espécies vegetais e animais; a cada uma ela confere o valor absoluto de uma obra de arte; parece empenhar-se na mais primitiva tanto quanto nas outras, tanto quanto no homem. Mas a forma de um ser vivo, uma vez desenhada, repete-se indefinidamente; porém os atos desse ser vivo, uma vez realizados tendem a imitar a si mesmos e a reiniciarem-se automaticamente: automatismo e repetição, dominando em toda parte exceto no homem, deveriam advertir-nos de que estamos aqui em pontos de parada e que a marcha estacionária com que deparamos não é o movimento próprio da vida. Portanto, *o ponto de vista do artista é importante, mas não definitivo*[20].

Tomando por base a tese exposta em A *evolução criadora*, de que o sentido da vida é criação, Bergson estabelece uma hierarquia

19. Bergson, in: A *energia espiritual*, 22.
20. Ibid., 24.

de atividades humanas, na qual "a criação de si por si", o "engrandecimento da personalidade" seria superior à criação do artista ou do cientista, mas inferior ao "ponto de vista do moralista":

> A riqueza e a originalidade das formas marcam sim um florescimento da vida, mas nesse florescimento, cuja beleza significa poder, a vida manifesta igualmente uma suspensão do seu elã e uma impotência momentânea para continuar avançando, como a criança que arredonda num giro gracioso o final de sua escorregadela. Superior é o ponto de vista do moralista. Somente no homem, sobretudo nos melhores dentre nós, o movimento vital prossegue sem obstáculos, lançando através dessa obra de arte que é o corpo humano e que ele criou ao passar, a corrente indefinidamente criadora da vida moral[21].

Quem é o moralista, esse que detém um "ponto de vista superior"? Bergson explica: "Aquele cuja ação, sendo intensa, é capaz de intensificar também a ação dos outros homens e de ativar, generosa, focos de generosidade. Os grandes homens de bem, e mais particularmente aqueles cujo heroísmo inventivo e simples abriu para a virtude caminhos novos"[22]. Trata-se aqui do texto de uma conferência anterior à obra *As duas fontes da moral e da religião*, mas a definição desses "grandes homens de bem" e desse "ponto de vista superior" do moralista é a própria definição do místico, da moral aberta e da religião dinâmica, expostas no seu último grande livro.

3.1.3. Intuição bergsoniana e exercícios espirituais

Se o resgate do que há de espiritual na filosofia pode implicar a apresentação de um modelo de vida para a contemporaneidade,

---

21. Ibid.
22. Ibid.

o modelo oferecido por Bergson não é simplesmente o do artista de si, mas o "dos grandes homens de bem"[23]. A perspectiva bergsoniana, portanto, está mais próxima daquela de Pierre Hadot que a do próprio Foucault, o que pode ser lido da seguinte maneira: o resgate do modo de vida filosófico dos antigos insere-se mais coerentemente na visão cosmológica, espiritual e edificante de Bergson que na visão antropológica, materialista e hedonista de Foucault. Dito isso, destacamos a seguir a declaração de Pierre Hadot acerca da filosofia de Bergson e da influência dele na sua própria concepção de filosofia:

> Um dos meus primeiros artigos, publicado nas Atas do Congresso de Filosofia de Bruxelas, em 1953, já tentava descrever o ato filosófico como uma conversão, e lembro-me sempre do entusiasmo com o qual, no inquietante verão de 1939, ocasião do meu *Baccalauréat* em Filosofia, eu comentava o tema da redação extraído de Henri Bergson: "A filosofia não é uma construção de sistema, mas a resolução, uma vez tomada, de olhar ingenuamente para si e ao redor de si". Sob influência de Bergson, depois do existencialismo, sempre concebi a filosofia como uma metamorfose total da maneira de ver o mundo e de estar nele[24].

É possível corroborar a impressão de Hadot de que a concepção bergsoniana de filosofia aponta para um modo de viver, para uma atitude concreta, para uma "metamorfose total da maneira de ver o mundo e estar nele?". Nossa resposta é afirmativa. A filosofia, da forma como Bergson a exerce e propõe, exige muito mais

---

23. "Os grandes homens de bem, e mais particularmente aqueles cujo heroísmo inventivo e simples abriu para a virtude caminhos novos, são reveladores de verdade metafísica. Por mais que estejam no ponto culminante da evolução, estão muito perto das origens e tornam sensível a nossos olhos o impulso que vem do fundo" (Ibid., 24).

24. Hadot, *Exercícios espirituais e filosofia antiga*, 15.

do que rigor lógico e conceitual; exige que essa lógica seja alargada, flexibilizada e adaptada "a uma duração na qual a novidade jorra incessantemente e na qual a evolução é criadora"[25]. A vida interior foi retida na sua superficialidade pela maioria dos filósofos e aprofundada, de certo modo, pelos romancistas e moralistas[26]. Se à literatura cabe o estudo da alma a partir dos exemplos individuais, à filosofia caberia pôr "as condições gerais de observação direta, imediata, de si por si"[27].

Os hábitos mentais, naturalmente aplicados, levam tanto o senso comum quanto a reflexão filosófica a um tipo de raciocínio que Bergson chama de "lógica de retrospecção"[28], que inclina a um "rearranjo do preexistente", o qual não capta a novidade radical. À filosofia, porém, compete buscar algo além desse desmembramento ideal do progresso; cabe esperar o começo de uma ideia para nela se instaurar, vendo a partir de dentro tudo que ela tornou possível, e não a partir de um possível ideal à própria coisa que se quer analisar. Esse pensamento capaz de enxergar o novo, o *sui generis*, o particular é menos uma capacidade intelectual que uma sensibilidade, donde se conclui que o filósofo, para Bergson, pretende, de certa forma, criar, ou seja, dar àquilo que estuda a originalidade do seu olhar, ao mesmo tempo que desvela a singularidade do objeto.

O método da intuição põe o indivíduo em condições de responder ao chamado do tempo, de acompanhar a duração e de separar, assim, as estruturas da espacialidade da essência criadora da duração. O que põe o filósofo em contato com a duração é o mesmo que põe o artista em contato consigo, tornando explícita a existên-

25. Bergson, *O pensamento e o movente*, 22.

26. "Desse modo, nós nos reinstalaríamos no fluxo da vida interior, do qual a filosofia com muita frequência não nos parecia reter mais que o congelamento superficial. O romancista e o moralista não haviam ido, nessa direção, mais longe do que o filósofo? Talvez" (Ibid., 22).

27. Ibid., 23.

28. Cf. Id., Introdução de *O pensamento e o movente* (primeira parte), 15-22.

cia de uma forma de conhecimento que ultrapassa a lógica habitual do pensamento, impelindo a humanidade a uma busca mais profunda do que aquela que estagnou no simbolismo científico, datado e modelado segundo as necessidades de ação do homem.

A capacidade humana de reverter os hábitos naturais do pensamento mostra-se claramente na arte, que subsume o aspecto mais intelectual em proveito do que há de mais concreto, pulsante e vivo. Diante disso, Bergson depreende uma nova maneira de filosofar e de ultrapassar o relativismo reinante nas academias: o exercício metódico do olhar, o esforço e a atenção prolongada em si mesmo e nas coisas, seguindo não uma lógica previsível, que atende à intenção de análise, mas seguindo as estruturas do real nas suas intensidades próprias e nas suas qualidades intrínsecas. A filosofia recupera, assim, ao mesmo tempo o rigor, a precisão[29] e a espiritualidade, ou seja, o aspecto transformador do eu.

A intuição bergsoniana, portanto, além de ser um rigoroso método filosófico, reclama também determinadas práticas que se assemelham, em muitos aspectos, àquilo que Hadot chamou de *exercícios espirituais*. Desde sua primeira obra, *Ensaio sobre os dados imediatos da consciência*, Bergson aponta para uma experiência originária da filosofia, uma observação direta e imediata de si por si, do espírito pelo espírito; uma experiência livre do envoltório de espacialidade/sociabilidade que turva a duração real.

Em *Matéria e memória*, fala-se em conversão da percepção, em passagem da inserção prática no mundo material para a apreensão

---

29. "Uma vez que começamos por dizer que havíamos pensado antes de tudo na precisão, terminemos fazendo notar que a precisão não podia ser obtida, a nosso ver, por nenhum outro método. Pois a imprecisão é normalmente a inclusão de uma coisa num gênero excessivamente vasto, coisas e gêneros correspondendo, aliás, a palavras que preexistiam. Mas se começamos por afastar os conceitos já prontos, se nos brindamos com uma visão direta do real, se subdividimos então essa realidade levando em conta suas articulações, os conceitos novos que de um modo ou de outro teremos de formar para nos exprimir serão desta vez talhados na exata medida do objeto" (Bergson, *O pensamento e o movente*, 25).

da matéria como ato de extensão. Em A *evolução criadora*, a filosofia é definida como um "esforço por se fundir novamente no todo"[30]. *Esforço, atenção, concentração, tensão* são palavras utilizadas constantemente por Bergson em referência ao seu método. Enquanto a natureza nos inclina a um conhecimento superficial de nós mesmos, desviando-nos por motivos práticos da nossa interioridade, a intuição intensifica e aprofunda a visão que nos foi concedida do espírito.

3.2. Em busca de um elo: filosofia, ciência, psicologia e espiritualidade

3.2.1. Da filosofia francesa à psicanálise

Em um texto de 1915, intitulado *La philosophie française*, Bergson aponta uma corrente que atravessa a filosofia moderna ao lado da tendência racionalista preponderante, representada por Descartes. Essa corrente encoberta que poderia, segundo Bergson, ser chamada de "sentimental" - no sentido de apontar para um "conhecimento imediato e intuitivo"[31] - derivaria de Pascal e de seu *esprit de finesse*:

> Pascal introduziu em filosofia certa maneira de pensar que não é a pura razão - porque ela corrige pelo *esprit de finesse* aquilo que o raciocínio tem de geométrico - e que não é também contemplação mística, porque ela chega a resultados susceptíveis de serem controlados e verificados por todo mundo. Descobrir-se-ia, restabelecendo elos intermediários da cadeia, que se conectam a Pascal as doutrinas modernas que põem na linha de frente o conhecimento imediato, a intuição, a vida interior[32].

---

30. Bergson, *L'Évolution créatrice*, 193.

31. Bergson, edição eletrônica baseada no artigo de Henri Bergson, La philosophie française, in La Revue de Paris, 1915, 236-256.

32. Ibid.

Tanto a corrente racionalista quanto a corrente "sentimental" da modernidade pretenderam romper com a metafísica grega, mas alguns filósofos mantiveram-se ainda presos ao espírito de sistema. Dentre estes se destaca um de cuja obra depreende-se "toda uma psicologia e toda uma moral que conservam seu valor, mesmo que não nos liguemos à sua metafísica"[33]. É a filosofia de Malebranche que, embora sistemática, "não faz sacrifício ao espírito de sistema; ela não deforma a tal ponto os elementos da realidade que não se possa utilizar o material da construção fora da construção mesma"[34]. Aos elementos psicológicos depreendidos da filosofia de Malebranche se acrescentam, no século XVIII, as reflexões em torno da relação entre espírito e matéria, por intermédio de nomes como La Mettrie, Cabanis, Charles Bonnet, cujas pesquisas "estão na origem da psicofisiologia que se desenvolveu durante o século XIX"[35]. As referidas abordagens - de viés notadamente materialista - antecipam, por sua vez, o estabelecimento da psicologia como ciência:

> A psicologia ela mesma, entendida como uma ideologia, quer dizer, como uma reconstrução do espírito com elementos simples - a psicologia tal como a compreendeu a escola associacionista do último século -, saiu em parte de obras francesas do século XVIII, notadamente aquelas de Condillac[36].

Paralelamente ao método de observação interior e observação dos fenômenos normais, a psicologia irá se desenvolver a partir da observação clínica dos fenômenos mórbidos e patológicos. Esse tipo de psicologia, que fora preparada pelos alienistas franceses da primeira metade do século XIX e mais tarde representada também

33. Ibid.
34. Ibid.
35. Ibid.
36. Ibid.

na França por nomes como Charcot, Ribot, Pierre Janet, Georges Dumas etc., acabou conduzindo à descoberta de regiões insuspeitas do espírito[37], cujo estudo se desdobrará na Alemanha com Freud e o advento da psicanálise.

Bergson se insere de modo particular nesse movimento, notadamente por meio de suas primeiras obras. Analisando o arsenal psicológico de seu tempo, revisando quase toda a literatura contemporânea a esse respeito, Bergson respondera à teoria em voga do associacionismo com a tese explicitamente espiritualista desenvolvida no *Ensaio sobre os dados imediatos da consciência.* Posteriormente, considerou também os estudos alemães, ainda em desenvolvimento, chegando a conclusões distintas daquelas a que chegariam os discípulos de Freud. As teses apresentadas em *Matéria e memória* distinguem-se, pois, tanto da psicologia científica – que se limita aos estados superficiais da vida psíquica – quanto da corrente que desembocará na psicanálise, a qual, embora aprofunde o horizonte psíquico do indivíduo, subtrai dele a parcela de liberdade que Bergson já estabelecera como característica própria da vida interior no seu *Ensaio.*

3.2.2. Matéria e memória e a refutação do paralelismo psicofisiológico

Voltemos agora para aquela linha mestra da filosofia moderna, para a tendência racionalista predominante que citamos no início deste tópico: a metafísica cartesiana. É a ela que Bergson irá remeter a hipótese que refutará em diversos textos: a hipótese do paralelismo psicofisiológico. Da metafísica moderna de viés cartesiano depreende-se a ideia de equivalência entre o estado cerebral e o estado psíquico. Essa hipótese não chegou sequer a ser problematizada na modernidade, tendo sido acolhida pelos médicos do século

---

37. Ibid.

XVIII para ser, em seguida, herdada pela psicofisiologia da época de Bergson.

Na metafísica cartesiana, a despeito da estrutura de equivalência entre o psíquico e o físico, ainda havia espaço para a vontade livre. Em Espinosa e em Leibniz, porém, a liberdade desaparece "varrida pela lógica do sistema"[38], deixando assim o caminho aberto para "um cartesianismo diminuído, estreito, segundo o qual a vida mental seria apenas um aspecto da vida cerebral, com a pretensa alma reduzindo-se a certos fenômenos cerebrais aos quais a consciência se somaria como um clarão fosforescente"[39].

Essa hipótese se estreitara e se infiltrara na fisiologia, e foi assim que "filósofos como La Mettrie, Helvétius, Charles Bonnet, Cabanis, cujos vínculos com o cartesianismo são bem conhecidos, levaram para a ciência do século XIX o que ela melhor podia utilizar da metafísica do século XVII"[40]. O esforço de Bergson vai, pois, no sentido de fazer notar que o paralelismo psicofisiológico não é uma teoria científica – embora se apresente sob essa roupagem –, mas sim uma hipótese metafísica:

> É compreensível que cientistas que hoje filosofam sobre a relação entre o psíquico e o físico se aliem à hipótese do paralelismo: os metafísicos praticamente não lhe deram outra coisa. Admito ainda que cheguem a preferir a doutrina paralelista a todas as que poderiam ser obtidas pelo mesmo método de construção *a priori*: encontram nessa filosofia um incentivo para irem em frente. Mas que um ou outro deles venha dizer-nos que isso é ciência, que a experiência é que nos revela um paralelismo rigoroso e completo entre a vida cerebral e a vida mental, ah, não! Vamos interrompê-lo e responder-lhe: você, cientista, sem dúvida pode defender sua tese, como o metafí-

38. Bergson, in: A *energia espiritual*, 40.
39. Ibid., 40.
40. Ibid.

sico a defende; mas então quem fala já não é o cientista que existe em você, é o metafísico. Você está simplesmente nos devolvendo o que lhe emprestamos. Já conhecemos a doutrina que está nos trazendo: saiu de nossas oficinas; fomos nós, filósofos, que a fabricamos; e é mercadoria velha, velhíssima. Nem por isso vale menos, com toda certeza; mas nem por isso é melhor. Ofereça-a tal como é, e não vá fazer passar por um resultado da ciência, por uma teoria modelada pelos fatos e capaz de modelar-se por eles, uma doutrina que, antes mesmo da eclosão de nossa fisiologia e de nossa psicologia, pôde assumir a forma perfeita e definitiva pela qual se reconhece uma construção metafísica[41].

Não são, porém, apenas os cientistas materialistas que Bergson critica. Também a metafísica espiritualista é acusada por ter negligenciado os fatos, por ter se mantido no plano das ideias, sem tocar o solo da experiência. A filosofia é acusada de não nos ter dito muito sobre a relação entre corpo e alma:

> O metafísico não desce facilmente das alturas onde gosta de manter-se. Platão convida-o a voltar-se para o mundo das ideias. É lá que ele se instala de bom grado, vivendo no meio dos puros conceitos, levando-os a concessões recíprocas, conciliando bem ou mal uns com os outros, exercendo nesse meio requintado uma diplomacia erudita. Hesita em entrar em contato com os fatos, quaisquer que sejam, mais ainda com fatos como as doenças mentais: teria medo de sujar as mãos[42].

Tendo sido conduzido, na conclusão do seu *Ensaio sobre os dados imediatos da consciência*, à vida interior e à concepção de um eu profundo e livre, Bergson ficara, entretanto, "sem resposta para a ques-

41. Ibid., 41.
42. Ibid., 37-38.

tão de saber como a pessoa livre pode utilizar, para agir, um corpo material para se desdobrar no espaço"[43]. Essa questão suscita uma nova série de pesquisas que resultaram em *Matéria e memória*.

É, pois, o problema da relação entre corpo e alma ou o problema da inserção do espírito na matéria que Bergson aborda nessa obra, e o faz lidando com os fatos clínicos, estudando as doenças mentais, mais especificamente as afasias, dando-lhes, porém, uma explicação distinta daquela fornecida pela escola associacionista.

Empreendendo um novo exame da hipótese das localizações cerebrais, reinterpretando a psicopatologia dos distúrbios da linguagem e do reconhecimento, Bergson irá refutar a hipótese do paralelismo psicológico no seu próprio terreno, ou seja, utilizando-se dos mesmos fatos clínicos que supostamente a confirmariam. Para Bergson, o exame dos fatos conhecidos, depurado de ideias preconcebidas, "um exame atento da vida do espírito e de seu acompanhamento fisiológico"[44], sugerem que "há infinitamente mais numa consciência humana do que no cérebro correspondente"[45]:

> Quem pudesse enxergar o interior de um cérebro em plena atividade, acompanhar o vaivém dos átomos e interpretar tudo o que eles fazem, sem dúvida ficaria conhecendo alguma coisa do que acontece no espírito, mas só ficaria conhecendo pouca coisa. Conheceria tão somente o que é exprimível em gestos, atitudes e movimentos do corpo, o que o estado de alma contém em vias de realização ou simplesmente nascente; o restante lhe escaparia. Com relação aos pensamentos e sentimentos que se desenrolam no interior da consciência, estaria na situação do espectador que vê distintamente tudo o que os atores fazem em cena, mas não ouve uma só

---

43. Bergson, Lettre sans date [fin janvier 1905?] à A. Levi, in: Dossiê crítico de *Matiére et Memóire*, PUF, 2009, 459.

44. Bergson, in: *A energia espiritual*, 41.

45. Ibid.

palavra do que dizem. Sem dúvida o vaivém dos atores, seus gestos e atitudes têm sua razão de ser na peça que estão representando; e se conhecermos o texto podemos prever aproximadamente o gesto; mas a recíproca não é verdadeira, e o conhecimento dos gestos informa-nos pouquíssimo sobre a peça, porque numa comédia inteligente há muito mais do que os movimentos que a pontuam. Assim, creio que, se nossa ciência do mecanismo cerebral fosse perfeita e perfeita fosse também a nossa psicologia, poderíamos adivinhar o que se passa no cérebro para um estado de alma determinado; mas a operação inversa seria impossível, porque teríamos que escolher, para um mesmo estado do cérebro, entre uma infinidade de estados de alma diferentes e igualmente apropriados[46].

A hipótese de um transbordamento da consciência em relação ao organismo é constante em Bergson e perpassa toda a sua obra; por isso mesmo ele combate reiteradamente a hipótese paralelista que torna equivalente o mental e o cerebral. Em *O cérebro e o pensamento: uma ilusão filosófica* (texto lido originalmente no congresso de filosofia em Genebra, em 1904, e publicado na *Revue de métaphysique et de morale* com o título *Le paralogisme psycho-physiologique*), Bergson demonstra que a referida hipótese é autocontraditória e que só se sustenta recorrendo simultaneamente a duas notações excludentes entre si: a notação idealista e a notação realista. Tal demonstração, porém, baseia-se apenas no raciocínio puro e não nos fatos; visa apenas reduzir ao absurdo a hipótese do paralelismo. É preciso, porém, analisar os fatos, retornar à experiência. É nesse sentido que Bergson ocupa-se do estudo dos fatos da memória, únicos nos quais a hipótese do paralelismo teria supostamente encontrado um princípio de verificação[47].

Uma vez que Paul Broca descobrira que determinado tipo de afasia seria causada por uma lesão da terceira circunvolução frontal

46. Ibid., 41-42.
47. Ibid., 49.

esquerda, começaram a ser edificadas teorias as mais complexas sobre as localizações cerebrais. Segundo as explicações materialistas, as lesões provocariam distúrbios da memória porque as lembranças estariam armazenadas no cérebro, tendo sido, pois, alteradas ou destruídas pela lesão. Bergson, no entanto, refuta a tese da localização cerebral da memória, mostrando que o papel do cérebro não é guardar lembranças, mas possibilitar que as lembranças sejam evocadas por meio do esboço de determinadas disposições motoras e sejam ajustadas a uma dada situação: "É essa mímica real ou virtual, efetuada ou esboçada, que o mecanismo cerebral deve possibilitar, e é ela, sem dúvida, que a doença afeta"[48].

O cérebro, dirá Bergson, é um "órgão de atenção à vida". Ele não guarda as lembranças, não cria representações, não é o órgão do pensamento, do sentimento ou da consciência, mas simplesmente limita essa esfera, funcionando como um obstáculo ou um véu interposto entre o virtual e o atual, entre a abundância psíquica e o mundo real. O corpo armazena a ação do passado na forma de dispositivos motores, enquanto as imagens passadas propriamente ditas conservam-se de maneira distinta. As lembranças se atualizam em um progresso contínuo; a lesão cerebral não destrói a lembrança, mas interrompe essa atualização; ela não afeta a memória disposta no tempo, mas afeta os movimentos que esboçam sua ação possível no espaço.

A lembrança não é algo estático, determinado e acabado, passível de ser armazenada no cérebro à maneira de uma "gravação mecânica"[49] em uma "chapa sensibilizada ou no disco fonográfico"[50]. A lembrança é irredutível à percepção, à representação, à localização. Como perguntar *onde* se localizam as lembranças se o tempo não se confunde com o espaço, e essa distinção é um dos aspectos mais marcantes da filosofia bergsoniana?

---

48. Ibid., 53
49. Ibid., 51.
50. Ibid.

Se insistirmos, porém, em perguntar onde as lembranças estão conservadas, então Bergson tomará "num sentido puramente metafórico a ideia de um continente onde as lembranças ficariam alojadas"[51] e dirá "muito simplesmente que elas estão no espírito". Ora, se a lesão afeta o cérebro, mas não afeta a lembrança; se a lembrança está no espírito (ou é o espírito), então é, no mínimo, plausível que a morte do cérebro não o afete, já que a vida do espírito não é um efeito da vida do corpo[52].

3.2.3. Imortalidade da alma e pesquisas psíquicas

Eis que chegamos àquela questão tão urgente quanto negligenciada pela filosofia. Eis Bergson diante "do mais importante dos problemas que a humanidade pode propor a si mesma"[53]: o problema da imortalidade da alma. Agora não parece óbvia a sua conclusão? Toda a filosofia de Bergson não foi um tributo à experiência total, um apelo ao conhecimento do espírito, um desafio lançado às reduções materialistas? Apenas o rigor filosófico o impede de afirmar categoricamente aquilo que talvez já fosse uma sua convicção pessoal. É, pois, como filósofo que Bergson concluirá, na conferência A *alma e o corpo*, algo acerca desse problema, o qual não lhe parece nada insolúvel:

> Se o trabalho do cérebro correspondesse à totalidade da consciência, se houvesse equivalência entre o cerebral e o mental, a consciência poderia seguir o destino do cérebro e a morte ser o fim de tudo: pelo menos a experiência não diria o contrário, e o filósofo que afirmasse a sobrevivência ficaria reduzido a apoiar sua tese em alguma construção metafísica, geralmente frágil. Mas, se, como procuramos

51. Ibid., 55.
52. Ibid., 57.
53. Ibid.

demonstrar, a vida mental transborda a vida cerebral, se o cérebro se limita a traduzir em movimentos uma pequena parte do que se passa na consciência, então a sobrevivência se torna tão verossímil que o ônus da prova caberá a quem negar muito mais do que a quem afirmar; pois a única razão para acreditar numa extinção da consciência após a morte é que vemos o corpo desorganizar-se, e essa razão deixa de valer se também a independência da quase totalidade da consciência em relação ao corpo é um fato constatável[54].

A hipótese da não equivalência entre o mental e o cerebral, o modo abrangente e *sui generis* de Bergson compreender e definir a consciência, o seu método – que dá sempre lugar à experiência – aponta para um âmbito de pesquisa muito particular. Se, para Bergson, a consciência transborda do cérebro e as divisões entre os corpos no espaço são mais nítidas que as divisões entre as consciências individuais, determinados fenômenos paranormais, por exemplo, a telepatia, parecem encontrar um princípio de fundamentação na sua filosofia.

De fato, Bergson nutriu um forte interesse pelo estudo desse tipo de fenômeno, tendo, inclusive, presidido durante um ano (1913-1914) a Society for Psychical Research (Sociedade de Pesquisa Psíquica) de Londres[55]. Sua presidência foi iniciada pela conferên-

54. Ibid., 58.

55. O período de formação da Sociedade de Pesquisa Psíquica foi uma época de intensa efervescência intelectual, na qual as ciências naturais fizeram grandes avanços para explicar o mundo em termos que desafiaram os tradicionais pontos de vista religiosos. A década de 1850 foi marcada por uma explosão de fatos paranormais (aparições, clarividência, premonições etc.) e pelo consequente interesse por eles. Constituíam-se as bases do espiritismo e intensos debates entre cientistas. A Sociedade de Pesquisa Psíquica foi fundada em Londres, em 20 de fevereiro 1882, com o objetivo explícito de investigar os inúmeros fenômenos designados por termos como hipnótico, psíquico e espíritas e o fazer no mesmo espírito de investigação exata e desapaixonada que permitiu à ciência resolver outros tipos de problemas. Foi imbuída desse espírito científico, baseando-se em

cia que depois se transformou em artigo intitulado *Fantômes de vivants et Recherche psychique* (*Fantasmas de vivos e pesquisa psíquica*), na qual aborda o fenômeno da telepatia. Nessa conferência, Bergson se diz orgulhoso por ter sido eleito presidente dessa sociedade, confessa sua "ardente curiosidade" em relação aos trabalhos ali desenvolvidos e elogia a coragem com que seus membros levaram adiante suas pesquisas em meio a prevenções e zombarias de pseudocientistas que condenavam, em nome da ciência, as pesquisas desenvolvidas naquele contexto:

> De fato, o que os senhores despenderam de engenhosidade, discernimento, paciência, tenacidade na exploração da *terra incógnita* dos fenômenos sempre me pareceu admirável. Porém, mais do que essa engenhosidade e mais que esse discernimento, mais que sua infatigável perseverança, admiro a coragem de que precisaram, sobretudo nos primeiros anos, para lutar contra as prevenções de boa parte do público e para enfrentar a zombaria que assusta os mais valentes[56].

Para Bergson, dois motivos contribuem para esse tipo de postura entre os cientistas: uma repulsa em relação ao método e uma metafísica inconsciente de si mesma. Já nos referimos a essa metafísica inconsciente herdada pelos cientistas: trata-se da própria hipótese do paralelismo psicofisiológico. Quanto ao método, é de notar que os procedimentos de pesquisa e verificação adotados no estudo dos fenômenos psíquicos estão "a meia distância entre o método do historiador e o do juiz de instrução"[57], embora se trate de fe-

---

métodos experimentais disciplinados e métodos padronizados de descrição, que a Sociedade de Pesquisa Psíquica criou seu quadro metodológico e administrativo para investigar tais fenômenos, incluindo a fundação de uma revista acadêmica para relatar e discutir a pesquisa psíquica em todo o mundo.

56. BERGSON, "Fantasmas de vivos" e "pesquisa psíquica", in: A *energia espiritual*, 62.

57. Ibid., 65.

nômenos "do mesmo gênero daqueles que são o objeto da ciência natural"[58]. São do mesmo gênero porque "manifestam leis"[59]. A telepatia, por exemplo, "se for real, ela é natural" e "manifesta sem dúvida uma lei análoga às leis físicas, químicas e biológicas"[60].

Apesar de naturais (no sentido de estarem submetidas a leis – embora ainda desconhecidas), os fenômenos desse tipo não se deixam abordar "à maneira do fato físico, químico ou biológico"[61]. Na sua peculiaridade investigativa, os pesquisadores dos fenômenos psíquicos observam os fatos sem prevenções dogmáticas, estudam documentos, questionam testemunhas, confrontam-nas umas com as outras, informam-se sobre elas, colhem numerosos fatos, analisam, inspecionam, criticam e, com isso, obtêm um tipo de certeza que não é matemática nem física, assemelhando-se mais à "certeza que se obtém em matéria histórica ou jurídica".

O desenvolvimento do método experimental na modernidade não se deu, segundo Bergson, por meio de um alargamento do campo de experiência, mas por uma redução desse campo àquilo que poderia ser mensurável. Como, porém, "é da essência do espírito não se prestar a medidas"[62], a ciência moderna tentou reduzir os fenômenos do espírito ou da mente aos seus supostos equivalentes mensuráveis encontrados no cérebro, passando a afastar-se quase instintivamente dos casos que contradiziam a hipótese da equivalência entre o psíquico e o cerebral; casos esses que eram justamente aqueles estudados pela Sociedade de Pesquisas Psíquicas.

É indiscutível o interesse de Bergson por esse tipo de fenômeno. Além de ter presidido a Society for Psychical Research, o filósofo fora convidado entre os anos de 1905 e 1906 pelo Institut

58. Ibid., 63.
59. Ibid., 64.
60. Ibid.
61. Ibid., 65.
62. Ibid., 71.

Général Psychologique (junto com outros nomes de peso como Pierre e Marie Curie) para examinar o caso da famosa médium Eusápia Paladino[63]. Ainda mais cedo, no ano de 1886, Bergson escrevera o artigo *De la simulation inconsciente dans l'état d'hypnotisme*, no qual relata as conclusões tiradas de experiências nas quais ele mesmo submetera indivíduos a estados de hipnose, deparando-se com capacidades surpreendentes do espírito, como a hiperestesia e hipermnésia. O fato, porém, que, ao nosso ver, mais depõe em favor do interesse de Bergson pelas "pesquisas psíquicas", é a referência explícita do filósofo nas últimas páginas da sua última obra *As duas fontes da moral e da religião*, onde declara que, na falta do "aparecimento de uma grande alma privilegiada" ou de "um gênio místico"[64], o desenvolvimento da ciência do espírito poderia funcionar como uma influência positiva, capaz de "desviar a nossa atenção das bagatelas que nos divertem e das miragens em torno das quais nos batemos"[65].

A admissão de uma relação entre corpo e alma distinta da hipótese do paralelismo, e que aponta para o caráter mais abrangente da consciência (hipótese essa que perpassa toda a filosofia bergsoniana), tornaria alguns fenômenos paranormais "tão verossímeis que nos surpreenderíamos, sobretudo com o tempo que foi necessário esperar antes de o seu estudo começar a ser empreendido"[66].

Tais fenômenos como telepatia, mediunidade, clarividência, hiperestesia, hipermnésia, premonições, sonhos lúcidos etc. assentam-se todos na hipótese de uma superabundância da vida psíquica e poderiam encontrar um esboço de fundamentação filosófica em uma obra como a de Henri Bergson, cujo espiritualismo não é mera abstração filosófica, mas consequência de um esforço

63. Cf. Bergson, in: *Mélanges*, 673-674.
64. Bergson, *Les deux sources de la morale et de la religion*, 333.
65. Ibid.
66. Ibid., 337.

contínuo de apreensão metódica, intuitiva e apaixonada dos fatos e de sua interpretação legítima, desapegada de dogmas e de preconceitos culturais.

O olhar voltado para o concreto é uma marca da filosofia bergsoniana. Se esse concreto apresentou-se como algo muito mais espiritual do que se podia supor, isso não se deve a uma inclinação tendenciosa, mas à força da verdade que, quando chega, se impõe.

CONCLUSÃO

A intuição é uma das noções-chave do pensamento de Bergson. Sua compreensão como método filosófico já é bastante difundida. Nosso interesse foi, portanto, enfatizar uma dimensão não menos importante dessa noção tão rica e complexa que é a intuição bergsoniana. Trata-se da dimensão da experiência interior. A intuição pode, no nosso entender, ser interpretada como uma conversão ou inversão da atenção capaz de ultrapassar o âmbito meramente cognitivo, alcançando camadas pouco acessíveis da psique, mobilizando a vontade, iluminando o inconsciente, liberando a memória, mergulhando, em suma, na profundidade de um eu que se desconhece porque aquilo que dele conhece só se dá na superfície, só se dá na inteligência, na consciência reflexiva que o perde refletindo-o, espacializando-o.

Pareceu-nos claro que a ênfase dada a esse aspecto mais psicológico ou existencial colocava a intuição na fronteira com a mística e a filosofia, na fronteira com a espiritualidade, de modo que questões a respeito da relação entre a intuição filosófica e a intuição mística impuseram-se à reflexão.

Percebemos, ao longo do nosso estudo, que não havia consenso entre os comentadores de Bergson sobre essa relação. Entre a intuição filosófica e a intuição mística haveria, para Bergson, continuidade ou ruptura? O que a resposta a esta questão poderia nos dizer acerca das potencialidades e dos limites que Bergson atribuía à própria filosofia? O estudo dos místicos teria modificado a concepção bergsoniana de filosofia ou, ainda, teria modificado a compreensão que ele tinha do alcance de seu próprio método filosófico?

Sobre tais questões nos posicionamos, embora sem afirmações peremptórias. Na verdade, julgamos corretas as diferentes interpretações propostas e tentamos equacioná-las sugerindo que haveria, por parte de Bergson, uma dupla apropriação do fato místico, que se refletiria em uma dupla compreensão da intuição mística, que, por sua vez, refletiria as duas dimensões da intuição bergsoniana, a saber, a dimensão metodológica e a dimensão experiencial ou existencial.

Assim, defendemos que a compreensão da intuição bergsoniana como experiência de introspecção se adequaria mais à interpretação da intuição mística como intensificação, prolongamento ou como o último grau da intuição da duração e que a compreensão da intuição como método de pesquisa se adequaria mais à interpretação da intuição mística como uma nova *linha de fato* a ser instrumentalizada pela filosofia, a fim de lhe servir como auxiliar de pesquisa.

Reiteramos que, para nós, a intuição bergsoniana deve ser interpretada das duas maneiras e que a polissemia do termo ou a riqueza de possibilidades de aplicação deve ser preservada, não obstante tenhamos optado por enfatizar a dimensão psicológica e existencial, por acreditar que essa ênfase tem por consequência uma concepção de filosofia que nos interessa mais do que aquela que a tem na conta de um saber meramente teórico e pouco transformador.

Sendo a intuição esforço, tensão, conversão do olhar, introspecção, mergulho no eu profundo, simpatia, emersão do inconsciente, inversão dos hábitos do espírito, torção da inteligência, a filosofia bergsoniana torna-se do início ao fim uma experiência de busca espiritual, de busca de modos de vida mais autênticos, mais belos, mais sublimes, mais reais, mais morais.

E aqui chegamos a outro aspecto para o qual quisemos chamar atenção: o papel efetivo dos místicos na história da moralização e da espiritualização da humanidade. Chega um momento da evolução em que a energia criadora ou o elã vital deixa de se manifestar na criação de espécies e passa a se manifestar na criação de homens de bem. A evolução não estacionou na inteligência, mas continua o seu trabalho de criação incessante, até alcançar o seu objetivo final, que é criar seres capazes de amar, de refletirem em si a essência da energia na qual souberam colher o seu ímpeto de doação.

Foi para lançar luz sobre esse aspecto pouco debatido do pensamento de Bergson que optamos por uma leitura *pari passu* da obra *As duas fontes da moral e da religião*, enfatizando, obviamente, os elementos mais condizentes com a temática de nosso trabalho. Interessou-nos nesse contexto a reiterada afirmação de Bergson a propósito da subsistência em nós do homem primitivo, sendo justamente o homem primitivo ou as disposições da espécie prefiguradas em nós aquilo que o místico irá superar.

Enquanto há uma relação de continuidade (apesar da diferença de grau) entre o homem primitivo e o homem civilizado, haveria, para Bergson, uma ruptura (diferença de natureza) entre o místico e o civilizado ou entre a sociedade aberta (que existe de direito, mas não de fato) e a sociedade fechada (que são todas as sociedades humanas).

Apesar da dualidade entre moral da cidade e moral aberta ou entre religião estática e religião dinâmica, as duas fontes ou as duas origens remetem à unidade da vida que ora quer se conservar, ora quer se transfigurar, sendo essa transfiguração o ponto que tentamos estudar a partir da análise das concepções bergsonianas de *intuição* e *mística*: aquela como o esforço de introspecção que leva o intelecto ao seu limite, fazendo-o revirar-se contra si mesmo, e esta como o esforço do indivíduo sobre si mesmo, que leva a humanidade ao seu limite, superando a necessidade de ser espécie.

Sendo a alma mística, porém, uma excepcionalidade, importaria pensar formas de encaminhar os indivíduos e as sociedades para a moral aberta já indicada, mas só individualmente consumada, donde as reflexões que indicaram a democracia como única transposição política da mística, como único regime até agora capaz de superar, pelo menos em intenções, as restrições de uma sociedade fechada.

Em uma inflexão política incomum ao pensamento de Bergson, vimos que, no último capítulo de sua obra, há uma articulação que estabelece os vínculos entre a democracia, o cristianismo (ou a mística cristã) e a mecânica. A democracia (na verdade, a ideia de democracia) seria uma aplicação indireta da mística. O sopro democrático, segundo Bergson, teria impelido na origem da modernidade o espírito de invenção que se aliou à ciência, embora tenha havido aí um desvio ou a realização frenética de uma perspectiva diferente daquela que visava libertar a humanidade das suas necessidades básicas.

A mecânica fora atraída pela mística, ou seja, pelo impulso de fazer o homem – cujos esforços e atenção estavam muito voltados para a própria sobrevivência – encontrar meios de, apoiando-se sobre a matéria, desligar-se dela e olhar para o céu. A mística, por sua vez, seria atraída pela mecânica, sendo esse exatamente o estágio em que nos encontramos: o corpo material que cresceu excessivamente com a técnica, a incomensurável e gigantesca potência adquirida pelo domínio da matéria, clamando agora por um equivalente espiritual.

Onde o encontraríamos? Em uma intensificação da intuição como resultado de um autoconhecimento, de uma busca interior? Em uma simplificação da vida por meio de um leve ascetismo? Em pesquisas psíquicas que apontam para aquela realidade cuja existência torna descoloridos os prazeres que tanto tumulto trazem àqueles que estão demasiado presos a eles? São vários os caminhos. A profundidade à qual a filosofia bergsoniana pode conduzir o nosso olhar também pode ser um deles, e precisamente em mostrar isso consistiu o sentido do presente trabalho.

REFERÊNCIAS BIBLIOGRÁFICAS

Obras de Bergson

BERGSON, Henri. *A energia espiritual.* Trad. Rosemary Costhek Abílio. São Paulo: WMF Martins Fontes, 2009.

______. *Matiére et Memóire*. Paris: PUF, 2009.

______. *Les deux sources de la morale et de la religion.* Paris: Quadrige/PUF, [10]2008.

______. *L'Évolution créatrice*. Paris: Quadrige/PUF, [11]2008.

______. *Essai sur les données immédiates de la conscience.* Paris: Quadrige/PUF, [9]2007.

______. *O pensamento e o movente. Ensaios e conferências.* Trad. Bento Prado Neto. São Paulo: Martins Fontes, 2006.

______. *As duas fontes da moral e da religião*. Maringá: Almeida, 2005.

______. *A evolução criadora*. São Paulo: Martins Fontes, 2005.

______. *Cursos sobre a filosofia grega.* Trad. Bento Prado Neto. São Paulo: Martins Fontes, 2005.

______. Une mise au point de Bergson sur les deux sources. In: WORMS, Fréderic. *Annales Bergsoniennes I. Bergson dans le siècle*. Paris: Presses Universitaires de France, 2002.

______. *Ouevres*. Textes annotés par André Robinet et introduction par Henri Gouhier. Édition du centeraire. Paris: Presses Universitaires de France, 62001.

______. *Matéria e memória. Ensaio sobre a relação do corpo com o espírito.* Trad. Paulo Neves. São Paulo: Martins Fontes, 21999.

______. La pensée et le mouvant [1934]. In: ______. *Oeuvres*. Paris: Du Centenaire/PUF, 41984.

______. *Mélanges*. Paris: PUF, 1972.

Outras obras consultadas

ADOLPHE, Lydie. *La philosophie religieuse de Bergson*. Paris: Presses Universitaires de France, 1946.

BELLOY, Camille de. Bergsonisme et christianisme. Les Deux Sources de la morale et de la religion au jugement des catholiques. *Revue des sciences philosophiques et théologiques*, v. 85, n. 4 (2001) 641-667.

______. Le Philosophe et la théologie. In: WATERLOT, Ghislain (org.). *Bergson et la religion. Nouvelles perspectives sur Les deux sources de la morale et de la religion*. Paris: Presses Universitaires de France, 2008.

CASSIRER, Ernst. L'éthique et la philosophie de la religion de Bergson. *Der Morgen*, n. 9 (1933) 20-29.138-151, trad. e introd. FUJITA, Hisashi; WORMS, Frédéric. *Annales bergsoniennes* III. Paris: PUF, 2007.

DELEUZE, Gilles. *Bergsonismo*. Trad. Luiz B. L. Orlandi. São Paulo: 34, 1999. (Coleção Trans).

FENEUIL, Anthony. *Bergson. Mystique et philosophie*. Paris: Presses Universitaires de France, 2011.

FOUCAULT, Michel. *Hermenêutica do sujeito*. Edição estabelecida sob a direção de François Ewald e Alessandro Fontana, por Frédéric Gros; trad. Márcio Alves da Fonseca, Salma Tannus Muchail. São Paulo: Martins Fontes, 22006. (Tópicos).

GILSON, Étienne. *O filósofo e a teologia*. São Paulo: Paulus, 2018.

GODDARD, Jean-Christophe. Fonction fabulatrice et faculté visionnaire. Le spectre de l'élan vital dans Les deux sources, in: WATERLOT, Ghislain (org). *Bergson et la religion. Nouvelles perspectives sur Les deux sources de la morale et de la religion*. Paris: Presses Universitaires de France, 2008.

GOUHIER, Henri. *Bergson et le Christ des Évangiles*. Paris: Librairie Philosophique Vrin, 1999.

HADOT, Pierre. *Exercícios espirituais e filosofia antiga*. São Paulo: É Realizações, 2014.

LEMOINE, Maël. Durée, différence et plasticité de l'esprit. In: BERGSON, Henri. *La durée et la nature*. Paris: Presses Universitaires de France, 2004.

MONTEBELLO, Pierre. *L'autre métaphysique. Essai sur la philosophie de la nature: Ravaisson, Tarde, Nietzsche e Bergson*. Paris: Desclée de Brouwer, 2003.

NEMO, Philippe. *Histoire des idées politiques aux temps modernes et contemporains*. Paris: Quadrige/PUF, 2002.

PHILONENKO, Alexis. *Schopenhauer: une philosophie de la tragédie*. Paris: Livrarie Philosophique J. Vrin, 1980.

PINTO, Débora Cristina Morato; MARQUES, Silene Torres (org.). *Henri Bergson. Crítica do negativo e pensamento em duração*. São Paulo: Alameda, 2009.

POPPER, Karl. *A sociedade aberta e seus inimigos*. São Paulo: Edusp, 1974. v. 1.

______. *A sociedade aberta e seus inimigos*. São Paulo: Edusp, 1974. v. 2.

PRADO, B. *Presença e campo transcendental. Consciência e negatividade na filosofia de Bergson*. São Paulo: Edusp, 1989.

RICOER, Paul. *Amour et justice*. Paris: Seuil, 2008.

______. *Parcours de la reconnaissance. Trois études*. Bussière: Gallimard/Folio Essais, 2004.

ROCHAMONTE, Catarina. Por uma crítica bergsoniana à metafísica da vontade de Schopenhauer, *Pensando – Revista de Filosofia*, v. 8, n. 15 (2017).

______. Henri Bergson, metafísica e moralidade para além do voluntarismo ontológico, *Kalagatos – Revista de Filosofia*, v. 11, n. 21 (2014).

______. Schopenhauer e Bergson, in: CARVALHO, Ruy de; COSTA, Gustavo; MOTA, Thiago (org.). *Nietzsche-Schopenhauer. Ecologia cinza, natureza agônica*. Fortaleza: EdUECE, 2013. (Coleção Argentum Nostrum).

______. *Metafísica e moralidade na filosofia de Schopenhauer*. Dissertação de Mestrado em Filosofia. Natal: Universidade Federal do Rio Grande do Norte, 2010.

SCHOPENHAUER, Arthur. *De la quadruple racine du principe de raison suffisante*. Trad. François-Xavier Chenet. Paris: Livrarie Philosophique J. Vrin, 1997.

______. *Le monde comme volonté et comme représentation*. Trad. A. Burdeau. Paris: Librairie Félix Alcan, 1912.

______. *O mundo como vontade e como representação*. Trad. Jair Barboza. São Paulo: Unesp, 2005.

______. *Sobre la liberdad de la voluntad*. Trad.: Eugenio Ímaz. Madrid: Alianza, 2002.

______. *Sobre la voluntad en la naturaleza*. Madrid: Alianza, 2003. Paris: Librairie Félix Alcan, 1912.

SILVA, Franklin Leopoldo. *Bergson. Intuição e discurso filosófico*. São Paulo: Loyola, 1994.

STRAUSS, Leo; VOEGELIN, Eric. *Fé e Filosofia. A correspondência entre Leo Strauss e Eric Voegelin (1934-1964)*. Trad. Pedro Sette-Câmara. São Paulo: É Realizações, 2017.

SUZUKI, Daisetsu Teitaro. *Mística: cristã e budista*. Belo Horizonte: Itatiaia, 1976.

VAZ, Henrique C. de Lima. *Experiência mística e filosofia na tradição ocidental*. São Paulo: Loyola, 2000.

VETÖ, Miklos. *O nascimento da vontade*. Trad. Álvaro Lorencini. São Leopoldo: Unisinos, 2005.

VIEILLARD-BARON, Jean-Louis, Continuité et discontinuité de l'oeuvre de Bergson. In: WORMS, Fréderic, *Annales Bergsoniennes*

I. Bergson dans le siècle. Paris: Presses Universitaires de France, 2002.

______. Jean-Louis. *Compreender Bergson.* Trad. Mariana de Almeida Campos. Petrópolis: Vozes, 2007. (Série Compreender).

WATERLOT, Ghislain (org.). *Bergson et la religion. Nouvelles perspectives sur Les deux sources de la morale et de la religion.* Paris: Presses Universitaires de France, 2008.

WATERLOT, Ghislain. L'ellipse. Une difficulté majeure du troisième chapitre des Deux Sources. In: RIQUIER, Camille; WORMS, Frédéric. *Lire Bergson.* Paris: Presses Universitaires de France, 2011, 188.

WORMS, Frédéric. *Bergson ou os dois sentidos da vida.* Trad. Aristóteles Angheben Predebon. São Paulo: Unifesp, 2010.

______. *La philosophie en France au XX siècle.* Paris: Gallimard, 2009.

______. (org.). *Annales Bergsoniennes I. Bergson dans le siècle.* Paris: Presses Universitaires de France, 2002.

YAMAGUCHI, Minoru. *The intuition of Zen and Bergson. Comparative intellectual approach to Zen, reason of divergences between East and West / With a foreword by Heinrich Dumoulin.* Tokyo: Enderle, 1969.

Artigos

DELSART, Didier. *La notion de "société ouverte" chez Bergson et Popper.* Tese de Doutorado em Filosofia. Etude des Systèmes Lyon. Lyon: Université Jean Moulin Lyon 3, 2018.

______. Société close et société ouverte chez Bergson et Popper: opposition ou complémentarité? *Éthique, politique, religions*, Classiques Garnier, n. 7 (2015) 97-118. 2. *Sociétés fermées et sociétés ouvertes, de Bergson à nos jours.*

FENEUIL, Anthony. De l'immédiatement donné au "detour de l'expérience mystique": Remarques sur l'unité de la méthode intuitive chez Bergson. *Philósophos*, Goiânia, v. 17, n. 1, 32 (jan./jun. 2012), 31-54.

FRANÇOIS, Arnaud. La critique schélérienne des philosophies nietzchéene et bergsonienne de la vie. *Bulletin d'analyse phénoménologique*. Actes 2, v. 6, n. 2 (2010), 73-85.

______. La volonté chez Bergson et Schopenhauer. *Methodos*, n. 4 (2004).

GONTIER, Thierry. The Open Society, from Bergson to Voegelin. *Annual Meeting Paper*. APSA (2012). Disponível em: <https://ssrn.com/abstract=2111016>. Acesso em: 15 out. 2015.

LEE, Han Goo. *La société ouverte et ses nouveaux ennemis*. Trad. Nicole G. Albert. *Diogène*, n. 248 (2014) 49-58, aqui 50. Disponível em: <https://www.cairn.info/revue-diogene-2014-4-page-49.htm>. Acesso em: 15 out. 2015.

RIQUIER, Camille. La Clôture de l'Europe. *Esprit*, n. 445 (2018) 48-60. Disponível em: <https://www.jstor.org/stable/26453201>. Acesso em: 15 out. 2015.

RIQUIER, Camille; Frédéric WORMS. La société ouverte? Introduction. *Esprit*, n. 445, 38-39, 2018. Disponível em: <https://www.jstor.org/stable/26453201>. Acesso em: 15 out. 2015.

TREVISAN, Murilo Rubens. O valor filosófico do misticismo: São João da cruz – Aproximações bergsonianas. *Síntese*, Belo Horizonte, v. 30, n. 96 (2003) 65-83.

WATERLOT, Ghislain. Bergson et l'ouverture inachevée. *Éthique, politique, religions*, n. v. 7, n. 2 (2015) 15-40. 2. *Sociétés fermées et sociétés ouvertes, de Bergson à nos jours.*

WORMS, Frédéric. La conversion de l'expérience: mystique et philosophie, de Bergson au moment de l'existence. *ThéoRèmes*, n. 1 (2010).

______. L'ouverture Réelle. *Esprit*, n. 445 (2018) 40-47. Disponível em: <https://www.jstor.org/stable/26453202>. Acesso em: 15 out. 2015.

ZANFI, Caterina. La société entre nature et raison: la thèse vitaliste de Bergson. *Éthique, politique, religions*, n. 7 (2015) 41-56. 2. *Sociétés fermées et sociétés ouvertes, de Bergson à nos jours.*

Edições Loyola

editoração impressão acabamento

Rua 1822 nº 341 – Ipiranga
04216-000 São Paulo, SP
T 55 11 3385 8500/8501, 2063 4275
www.loyola.com.br